첨단과학 LIVE 과학

⑩ 악성코드와 백신

천재교육

LIVE 과학

글 / 최재훈
학습 만화와 청소년 교양서, 온라인 에듀테인먼트 게임 등을 넘나들며 어린이와 청소년이 즐기며 공부할 수 있는 다양한 콘텐츠를 만들고 있습니다. 〈꿈의 멘토〉, 〈미션 돌파 과학 배틀〉, 〈헬로 마이 잡〉, 〈who?〉 시리즈를 비롯한 여러 학습 만화 집필에 참여하였습니다.

그림 / 김기수
어린이들이 흥미롭고 즐겁게 배우며 꿈을 키울 수 있는 만화를 그리고 있습니다. 〈마법천자문 부수마법편〉, 〈마법천자문 영문법 원정대〉, 〈LIVE 한국사〉, 〈LIVE 과학〉 시리즈에 참여하였고, 〈SCIENCE UP! 지진과 화산〉 등의 도서를 출간했습니다.

학습 구성 및 감수 / 유정수
전자계산학(인공 지능 분야)박사로, 전주교육대학교 컴퓨터교육과에서 교수로 일하고 있습니다. 한국과학창의재단, 한국정보교육학회, 네이버 등 여러 단체와 기업에서 소프트웨어 교육의 대중화를 위해 힘쓰고 있습니다.

LIVE 과학 첨단과학 010 악성코드와 백신

발행일: 2018년 4월 1일 초판 / 2024년 1월 2일 2쇄
발행처: (주)천재교육
기획편집: 박세경 / **책임편집**: 김현경, 이유미
글: 최재훈 / **그림**: 김기수 / **학습 구성 및 감수**: 유정수
표지 사진 제공: 셔터스톡
본문 사진 제공: 연합뉴스, 위키피디아
신고번호: 제2001-000018호(1980.5.28)
팩스: 02-3282-1717 / **고객만족센터**: 1577-0902
주소: 08513 서울특별시 금천구 가산로 9길 54 / **홈페이지**: www.chunjae.co.kr

ISBN 979-11-259-7789-6 74400
ISBN 979-11-259-7779-7 74400(세트)

이 책은 저작권법에 보호받는 저작물이므로 무단 복제, 전송은 법으로 금지되어 있습니다.

추천의 글

새 과학 교육 과정의 핵심 키워드는 바로 **창의와 융합**입니다. 이제 과학 교육은 이론과 실험에 치중했던 기존 방향에서 타 과목과 연계하여 사고하고 또 새로운 아이디어를 창조하는 방향으로 변화하고 있습니다. 〈라이브 과학〉은 이러한 교육 경향에 발맞춰 기획된 학습 만화로, 한정된 분야의 지식이 아닌 **주제와 관련된 광범위한 지식의 확장을 추구하는 만화**입니다.

주인공 아라와 누리는 외계의 로봇입니다. 이들은 지구와 인간에 대해 배우러 왔다가 우연히 지구의 네트워크를 무너뜨리려는 악당과 싸우게 됩니다. 지구의 모든 것이 마냥 신기한 외계 로봇의 시선을 통해 과학 전 분야에 걸친 지식을 습득하고, 과학의 다양한 문제를 새롭게 바라보며 함께 생각할 수 있습니다.

4차 산업 혁명이 시작되는 과학의 전환기, 그 미래의 시작을 〈라이브 과학〉과 함께하시길 바랍니다.

서울교대 과학교육과 교수, 물리교육학 박사
전영석

우리는 그 어느 시기보다 빠른 변화로 인해 날마다 새로워지는 4차 산업 혁명의 시대에 살고 있습니다. 사물과 사물, 인간과 사물 등 모든 것이 연결되는 사회, 인공 지능과 로봇이 공존하는 생활이 펼쳐질 것입니다. 오늘날 최첨단의 과학 기술은 이로운 만큼 한편으로는 해킹과 바이러스 등에 공격당할 위험 요소를 가지고 있습니다. 하지만 우리가 첨단 과학이 가진 장단점을 잘 알고 대비한다면 미래가 그저 두렵기만 하지는 않을 것입니다. **과학 기술은 항상 인간의 행복을 위하여 발전해야 합니다.**

〈라이브 과학〉은 변화된 새 교육 과정에 맞춰 첨단 과학·융합 과학·통합 과학을 강조하는 전문성 있는 커리큘럼으로 구성되어 있습니다. 그중 **최신 과학 주제를 적절히 골라내어 아이들 눈높이에 맞게** 잘 녹여 냈습니다. 또한 **과학으로 미래를 준비하는 꿈나무들의 훌륭한 밑거름**이 될 지식을 잘 버무려 담았습니다. 모든 아이들이 기초부터 차근차근, 깔깔 웃으며 배우길 소망합니다.

전주교대 컴퓨터교육과 교수, 전자계산학(인공 지능 분야) 박사
유정수

이 책의 특징

1 과학 원리 이해!

어렵고 복잡하기만 했던 과학 원리를 만화로 재미있게 익힐 수 있습니다.

첨단 과학, IT 등 최신 과학 이슈가 가득!

2 핵심 내용이 한눈에, 인포그래픽!

과학 핵심 정보가 시각화되어 있어 정보를 빠르고 쉽게 이해할 수 있습니다.

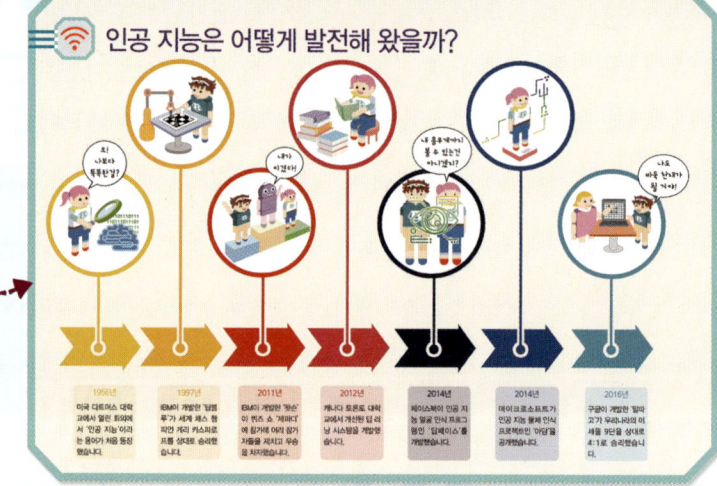

3 사고력을 키우는 통합 과학!

수학, 역사, 음악, 미술 등 다양한 과목과 연계된 공통의 주제를 통해 지식의 폭을 넓힙니다.

경제로 과학 읽기 — 공장이 거대 컴퓨터로 변하는 스마트 팩토리

스마트 팩토리는 공장 안의 모든 장비가 센서와 무선 통신으로 연결된 첨단 공장입니다.
이곳에서는 프로그래밍이 된 기계가 물건의 생산 개수와 종류를 자동으로 계산합니다. 또 기계 고장과 불량품도 즉시 골라냅니다.
스마트 팩토리를 가장 먼저 만든 기업은 미국의 제너럴 일렉트릭입니다.

▲ 제너럴 일렉트릭의 스마트 팩토리

3D 애니메이션

2D 애니메이션

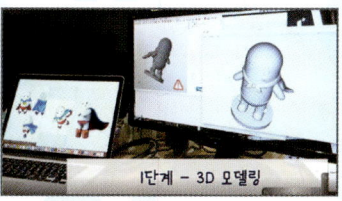
과학 동영상

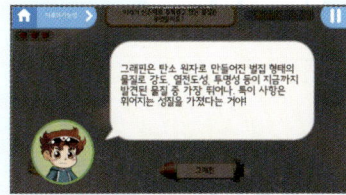
모바일 과학 게임

④ 다양한 주제의 멀티미디어!
라이브 과학 애플리케이션을 이용하여 3D·2D 애니메이션, 과학 동영상 등을 만화와 함께 즐길 수 있습니다.

⑤ 모바일 과학 게임!
만화로 얻은 지식을 재미있는 과학 게임으로 확인할 수 있습니다.

첨단 과학을 생생한 영상으로!

각 권마다 5편의 영상이 담겨 있어.

모바일 게임 다운로드는 184쪽에서!

멀티미디어 이용 방법

☆ 앱으로 라이브 영상을 감상하려면?

① QR코드를 통해 앱 설치 페이지로 이동하여 〈라이브 과학〉 앱 다운로드!

② 앱에서 각 권의 콘텐츠를 담은 뒤 버튼을 눌러서 카메라를 실행합니다.

③ 만화 속 '라이브 영상' 코너에서 카메라 마크가 있는 칸 전체를 비추면 해당 주제의 멀티미디어 재생!

다운로드 페이지로, GO!

이 마크가 있는 칸을 향해 찰칵~ 찍기만 하면 애니메이션이 짠!

차례

- 멀티미디어 이용 방법 ··· 5
- 지난 이야기 ··· 8

1장 악성코드는 어떻게 생겨났을까? ················· 10

2장 사이버 범죄란 무엇일까? ···························· 40

3장 악성코드의 종류에는 무엇이 있을까? ········· 72

4장 트래픽 과부하를 일으키는 사이버 공격이 있다고? ········· 108

5장 사물 인터넷 시대의 보안 취약점은 무엇일까? ··········· 146

- 라이브 영상 ································· 24, 49, 83, 129, 178
- 인포그래픽 핵심 과학 ···················· 36, 68, 104, 142, 180
- 플러스 통합 과학 ························· 38, 70, 106, 144, 182
- 도전! 과학 퀴즈 / 모바일 과학 게임 ·································· 184
- 정답과 해설 ··· 196

만화 하단의 ★표시는 과학 관련 어휘, ▶표시는 일반 어휘로 구분하였습니다.

등장인물 소개

과학자 빅터들

으악! 빅토피아에 악성코드가 퍼져버렸어!

빅토피아에 살고 있는 외계인 과학자들이다. 빅토피아에 전해졌던 지구의 데이터가 몽땅 사라지자, 아라와 누리를 지구로 보내 빅토피아 살리기에 나선다.

누리

이번엔 악성코드와 백신 데이터를 모아 볼까?

빅토피아에서 개발한 인공지능 남자 로봇으로, 지적 호기심이 왕성하며 신중한 성격이다.

아라

악성코드와 백신? 그건 먹는 거야?

빅토피아에서 개발한 인공지능 여자 로봇으로, 머리보다는 행동이 앞서는 성격이다.

닥터피시

에휴, 하나부터 열까지 다 가르쳐 줘야겠군!

악성코드와 백신 데이터를 수집하던 빅토피아의 로봇으로, 지구에서 컴퓨터 전문가로 일하고 있다.

블랙 빅터

훗, 빅토피아가 내 손아귀에 들어올 날도 멀지 않았어!

지구와 빅토피아를 비롯해 은하계를 점령하려는 흑심을 갖고 있는 빅터로, 그동안 아라와 누리의 임무를 방해했던 존재이다.

크라잉

난 내 기술로 지구 최고의 부자가 되겠어!

지구의 전문 해커로, 지구 최고의 부자로 만들어 주겠다는 블랙 빅터의 꾐에 넘어가 아라와 누리를 방해한다.

1장 악성코드는 어떻게 생겨났을까?

빅토피아 중앙 ▶관제실

휙 휙

이제 컴퓨터와 중앙 ★시스템은 대충 복구가 된 거지?

타닥 타닥

스물 둘, 스물 셋!

휙 휙

나 지금 누구랑 얘기하니?

10 ▶ **관제실** : 관리하고 통제하는 곳.
★ **시스템** : system. 필요한 기능을 실현하기 위해 관련 요소를 어떤 법칙에 따라 조합한 집합체.

▶ 긴급 : 긴요하고 급함.
▶ 고백하다 : 마음속에 생각하고 있는 것이나 감추어 둔 것을 사실대로 숨김없이 말하다.

▶ 가상 : 실물처럼 보이는 가짜 생김새나 가짜 환경.
▶ 저장고 : 물건이나 재화 등을 모아서 보관하는 창고.

★ 전기 : 물질 안에 있는 전자의 이동으로 인해 생기는 에너지의 한 형태.
▶ 상황 : 일이 되어 가는 과정이나 형편.

▶ 예리하다 : 관찰이나 판단이 정확하고 날카롭다.
★ 악성코드 : 악의적인 목적으로 만들어진 프로그램.

★[14쪽] 바이러스 : virus. 정상 프로그램이나 데이터를 파괴하도록 개발된 악성 프로그램.
▶ 수동 : 다른 동력을 이용하지 않고 손의 힘만으로 움직임.

▶ 통제 : 일정한 방침이나 목적에 따라 행동을 제한함.
▶ 불능 : 할 수 없음.

▶ 카운트다운 : countdown. 어떤 일의 발생 순간까지 시간을 거꾸로 세어 가는 일.
★ 백신 : 컴퓨터에 침투한 악성코드를 찾아내어 제거하는 프로그램.

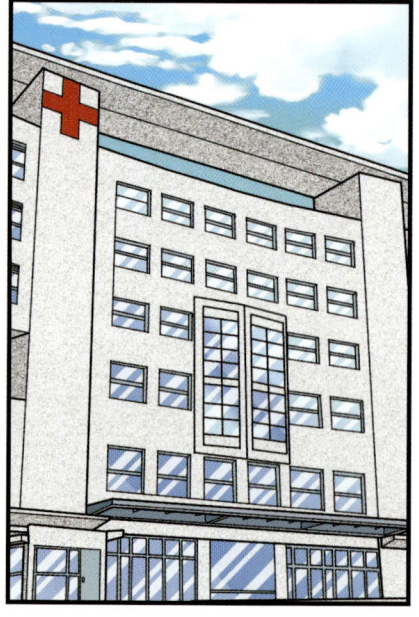

▶ **감염되다** : 병의 원인이 되는 세균 등이 몸 안으로 들어와 퍼지다.
▶ **[19쪽] 연구소** : 연구를 전문으로 하는 기관.

▶ **해결하다** : 문제를 해명하거나 얽힌 일을 잘 처리하다.
▶ **충분하다** : 모자람이 없이 넉넉하다.

▶ [21쪽] 파견 : 일정한 임무를 주어 사람을 보냄.
★ [21쪽] 소프트웨어 : software. 컴퓨터 프로그램 및 그와 관련된 문서들을 통틀어 이르는 말.

톡톡 과학 악성코드란 무엇일까?

악성코드란 컴퓨터 시스템을 방해하여 다른 사람에게 피해를 주려는 목적으로 개발된 코드를 말한다. 악성코드는 바이러스와 혼용되어 쓰이지만 정식 명칭은 악성★소프트웨어 등으로 불리며, 줄여서 ★멀웨어라고도 한다.

★멀웨어 : malware. 컴퓨터 사용자 시스템에 침투하기 위해 만들어진 소프트웨어.
▶윙크 : wink. 한쪽 눈을 깜빡거리는 눈짓.

▶ **진료** : 의사가 환자를 진찰하고 치료하는 일.
▶ **응급실** : 병원 등에서 환자의 응급 처치를 할 수 있는 시설을 갖추어 놓은 방.

▶ 위급하다 : 몹시 위태롭고 급하다.
▶ 고비 : 일이 되어 가는 과정에서 가장 중요한 단계.

라이브 영상 인체 바이러스와 컴퓨터 바이러스의 차이

	인체 바이러스	컴퓨터 바이러스
정의	아주 작은 크기의 감염성★입자로, 동물이나 식물, 세균 등 살아 있는 생물에 붙어 산다.	컴퓨터 프로그램이나 데이터 파일 등을 파괴하는 악성 프로그램을 말한다.
활동	스스로 자라지 못하고, 사람·동물·식물 등 다른 생명체에 들어가야만 살아갈 수 있다. 대표적으로 감기 바이러스가 있다.	컴퓨터에 침투한 바이러스는 사용자 몰래 스스로 복제하여 다른 프로그램을 감염시키고, 데이터 파일 등을 파괴한다.
유래	라틴어로 '독'을 뜻하는 '비루스(virus)'에서 유래되었다.	바이러스라고 불리는 이유는 인체 바이러스가 ★숙주에 ★기생하면서 병을 일으키는 것과 비슷한 방식으로 작동하기 때문이다.

사람이든 컴퓨터든 우리의 목적은 하나!

★입자 : 물질의 일부로서, 구성하는 물질과 같은 종류의 매우 작은 물체.
★숙주 : 기생 생물에게 영양을 공급하는 생물.

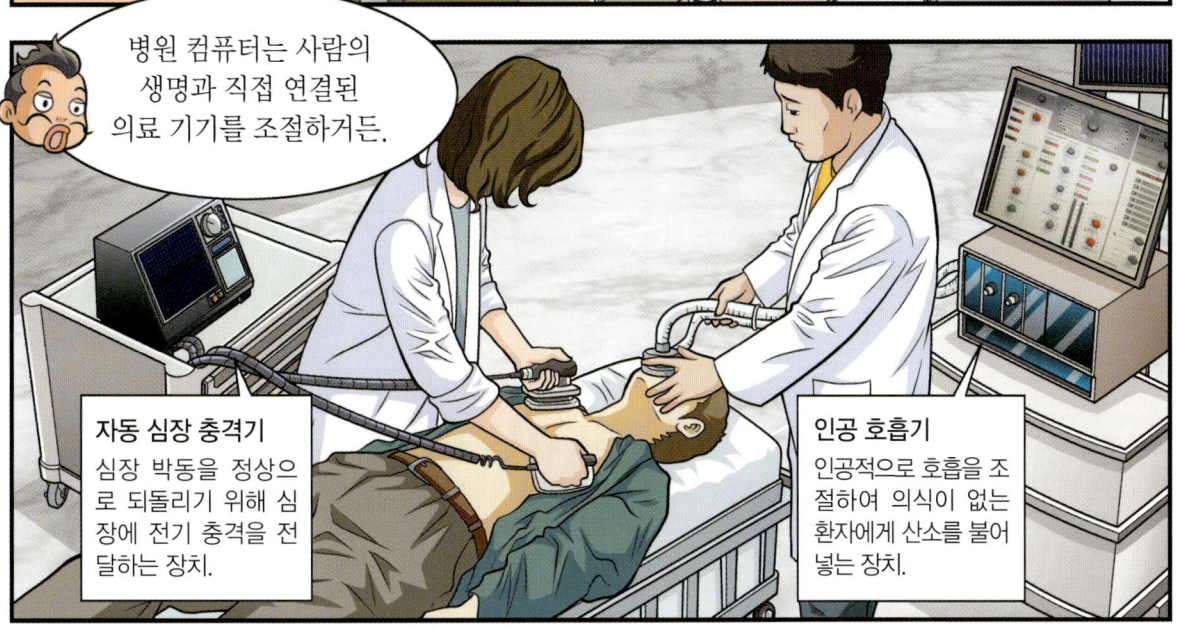

★[24쪽] 기생 : 서로 다른 종류의 생물이 함께 생활하며, 한쪽이 이익을 얻고 다른 쪽이 해를 입고 있는 일. 또는 그런 생활 형태.

▶ 범죄 : 법을 어기고 저지른 잘못.
▶ 명성 : 세상에 널리 퍼져 평판 높은 이름.

★[26쪽] 하드 : 컴퓨터의 하드 디스크.
▶ 마비되다 : (비유적으로) 본래의 기능이 둔해지거나 정지되다.

▶ 보안 : 안전을 유지함.
▶ 화상 채팅 : 서로의 얼굴을 보면서 대화를 하는 인터넷 서비스.

▶ 클릭 : click. 마우스의 단추를 누름.
★ 스팸 : spam. 불필요한 인터넷 메일 또는 문자 메시지 등.

시기별로 어떤 특징의 악성코드가 등장했을까?

- **크리퍼(Creeper, 1971년)** : 세계 최초의 컴퓨터 바이러스이다. 실험용으로 만들어져, 특정 컴퓨터에만 반응했기 때문에 널리 퍼지지는 않았다.
- **브레인(Brain, 1986년)** : 파키스탄의 프로그래머 형제가 자신들이 개발한 프로그램이 불법으로 복제되는 것으로부터 보호하기 위해 만들었다. 컴퓨터의 부팅 시간이 느려지고, 디스크 인식 오류, 저장 장소 용량 감소 등의 증상이 나타난다.
- **체르노빌(Chernobyl, 1998년)** : 무료 프로그램을 통해 감염된 악성코드가 잠복해 있다가 4월 26일에 작동된다. 감염되면 컴퓨터의 데이터와 문서가 파괴되고, 부팅 자체가 불가능하다. 체르노빌 원전 사고가 발생한 날짜가 4월 26일이기 때문에 체르노빌이라고 불린다.
- **멜리사(Melissa, 1999년)** : 메일을 통해 유포되는 악성코드의 원조라고 볼 수 있다. 메일에 첨부된 파일을 클릭하면 악성코드에 감염되어 주소록에 있는 사람들에게 자동으로 악성코드 메일을 발송하기 때문에 확산 속도가 매우 빨랐다.
- **슬래머 웜(Slammer worm, 2003년)** : 일명 '인터넷 대란'을 일으킨 악성코드이다. 순식간에 퍼져나가 전 세계 주요 시스템이 멈추는 현상이 일어났으며, 특히 국내에 큰 피해를 입었다.
- **크립토락커(CryptoLocker, 2013년)** : 복잡한 암호로 컴퓨터를 감염시킨 뒤, 복구 조건으로 비트코인을 요구한다. 크립토락커 이후 사용자의 데이터를 인질로 삼아 돈을 요구하는 랜섬웨어가 전 세계적으로 퍼져나갔다.

★**부트 바이러스** : 컴퓨터를 켰을 때 제일 먼저 실행되는 프로그램이 들어 있는, 하드 디스크의 가장 첫 부분인 부트에 감염된 바이러스. 브레인 바이러스, 미켈란젤로 바이러스 등이 있음.

★플로피 디스크 : floppy disk. 주로 데이터를 입력하거나 파일을 이동하는 데 사용했던 컴퓨터 보조 기억 장치.

★[33쪽] 스파이웨어 : spyware. 스파이(spy)와 소프트웨어의 합성어로 다른 사람의 컴퓨터에 몰래 들어가서 개인 정보를 빼 가는 소프트웨어.

컴퓨터 백신은 어떤 역할을 할까?

백신은 악성코드를 찾아내서 기능을 정지시키거나 없애는 프로그램을 말한다.
초기 백신 프로그램은 해당 바이러스를 잡아내는 정도였다. 하지만 현대에는 바이러스뿐만 아니라 악성코드, 트로이 목마, 웜, ★스파이웨어, ★애드웨어 등 다양한 악성 프로그램을 미리 예방하거나 찾아내 없애는 형태로 발전하고 있다. 그리고 설정한 시간에 자동으로 검사하고 치료하는 예약 검사 기능, 실시간으로 감시하고 치료하는 실시간 감시 기능 등도 갖추고 있다.

★애드웨어 : adware. 악성 프로그램의 한 종류로, 사용자 정보는 빼 가지 않고 광고만 보여 주는 프로그램.

★ **전산** : 컴퓨터를 이용하여 정보 처리를 하는 일.
▶ **침투** : 어떤 곳에 몰래 숨어 들어감.

▶ **전문가** : 어떤 분야를 연구하거나 그 일에 종사하여 그 분야에 상당한 지식과 경험을 가진 사람.
▶ **사기꾼** : 습관적으로 남을 속여 이득을 꾀하는 사람.

인포그래픽 핵심 과학

악성코드

악성코드는 컴퓨터 시스템에 해를 입히거나 시스템을 방해하여 다른 사람에게 피해를 주려는 목적으로 개발된 소프트웨어이다. 일반적으로 다음과 같이 이메일의 첨부 파일을 통해 감염된다.

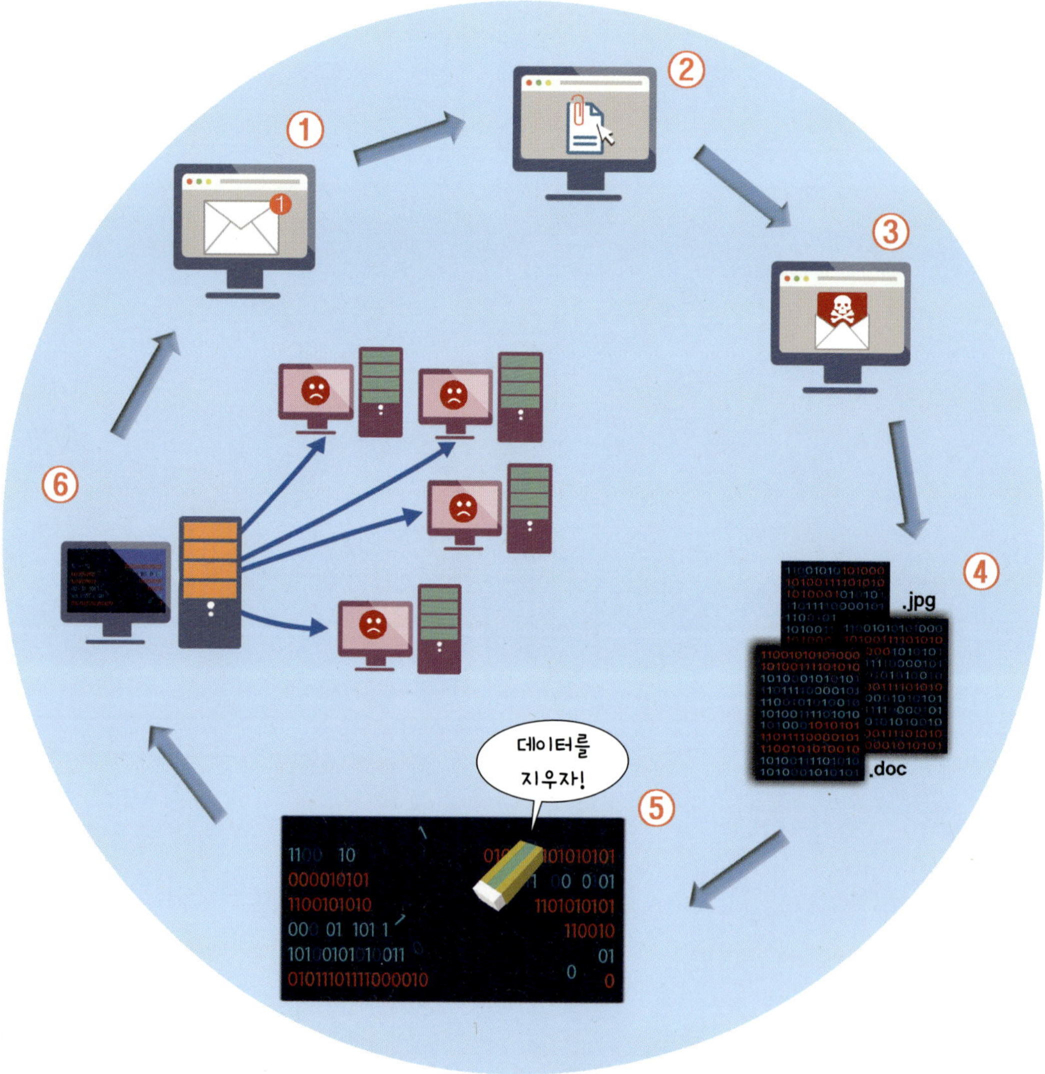

① 악성코드가 첨부된 이메일 도착
② 첨부 파일 클릭
③ 악성 프로그램 작동
④ 컴퓨터 시스템 및 파일에 악성 프로그램 복제
⑤ 악성코드 활동 시작
⑥ 감염된 컴퓨터에 저장된 이메일 주소로 악성코드 첨부하여 메일 발송

컴퓨터 바이러스의 역사

크리퍼(1971년)
실험용으로 만들어진 세계 최초의 바이러스.

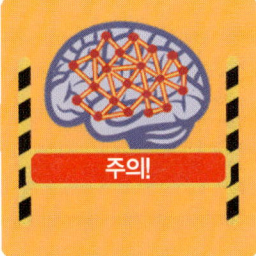

브레인(1986년)
프로그램의 불법 복제를 막기 위해 만든 바이러스.

예루살렘(1987년)
13일의 금요일이 되면 파일에 감염되는 바이러스.

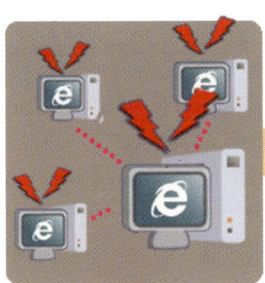

슬래머 웜(2003)
전 세계 주요 시스템을 트래픽 과부하로 멈추게 만든 바이러스.

멜리사(1999년)
첨부 파일을 클릭하면 자동으로 악성코드 메일을 보내는 바이러스.

체르노빌(1998년)
체르노빌 원전 사고가 발생한 날짜인 4월 26일에 작동된 바이러스.

스톰 웜(2007)
감염된 PC에서 자동으로 스팸 메일이 발송되어 약 500만대의 좀비 PC를 만들었던 바이러스.

크립토락커(2013)
감염된 PC의 복구 조건으로 비트코인을 요구한 트로이 목마 랜섬웨어.

워너크라이(2017)
전 세계 150여 개국에 대규모 피해를 입힌 랜섬웨어.

플러스 통합 과학

역사로 정보통신 읽기
세계 최초로 퍼진 악성코드는 무엇일까?

1971년, 컴퓨터 운영 체제를 감염시킨 세계 최초의 컴퓨터 바이러스가 등장했어요. 감염된 컴퓨터가 "I'm creeper. Catch me if you can!(나는 크리퍼다. 할 수 있다면 나를 잡아 봐!)"이라는 메시지를 띄웠기 때문에 '크리퍼'라는 이름이 붙었지요.

크리퍼 이후 발견된 바이러스 중 가장 유명한 것은 '브레인' 바이러스예요. 이 바이러스는 1986년 IBM PC에서 발견된 최초의 바이러스로, 파키스탄에 살고 있던 한 형제 프로그래머에 의해서 개발되었어요. 자신들이 만든 소프트웨어가 불법으로 복제되어 퍼지자, 더 이상의 확산을 막기 위해 만들었다고 합니다.

브레인 바이러스는 당시 가장 많이 사용되고 있던 MS-DOS 운영 체제에서 실행되었기 때문에 세계적으로 확산되었어요. 하지만 플로피 디스크를 통해 복사되어 이동했기 때문에 최초 발견지에서 우리나라에 들어오는 데까지는 약 3년이 걸렸습니다. 당시 서울대학교 의대 박사

▲데이터 입력용으로 이용되던 컴퓨터 보조 기억 장치인 플로피 디스크.

과정에 재학 중이던 안철수는 브레인 바이러스를 접한 뒤, 이를 치료할 수 있는 백신 'V1'을 개발했어요. 국내 최초 백신 프로그램인 V1은 현재 널리 사용되고 있는 'V3'의 원조랍니다.

▶ **운영 체제** : 컴퓨터의 하드웨어 시스템을 효율적으로 운영하기 위한 소프트웨어.
▶ **MS-DOS** : 미국의 마이크로소프트사가 PC에 사용할 수 있도록 개발한 디스크 운영 체제.

시사로 정보통신 읽기 : 악성코드로 세계 대전을 일으킨다고?

제1차 세계 대전과 제2차 세계 대전은 전 세계의 인적·물적 자원에 막대한 피해를 입힌 전쟁이었지요. 그런데 제3차 세계 대전이 일어날 것이라는 예언이 종종 기사화되기도 합니다. 그건 바로 사이버 전쟁이지요. **사이버 전쟁이란, 해커가 컴퓨터 앞에서 악성코드라는 무기 하나로 사이버 전쟁터에 나가는 것입니다.**

최초의 사이버 전쟁으로는 1999년 발생한 코소보 사태를 꼽습니다. 코소보 사태는 나토(NATO)

▲제2차 세계 대전(1937년~1945년) 중 무기를 들고 전쟁터를 향하는 군인들.

의 유고슬라비아 공중 폭격에 반발한 해커들이 나토의 홈페이지를 해킹했던 사건이에요. 그 이후 국가 간 사이버 전쟁이 확대되었고, 오늘날 4차 산업 혁명 시대에 이르러서는 더욱 큰 규모의 사이버 전쟁이 예측되고 있습니다. 특히 세계 언론에서는 북한에서 미사일 공격보다 사이버 해킹 공격에 더 주력할 것이라는 전망이 지배적입니다.

이처럼 사이버 공격이 국가 간에 위협이 되자, 세계 각국에서 사이버 보안에 더욱 힘쓰고 있습니다. 우리나라에서도 2010년에 사이버 사령부를 만들었고, 해킹 대회를 열어 병력 증강에 주력하고 있답니다.

◀북한의 사이버 공격 대응력 향상을 위한 2016년 육군 해킹 방어 대회 모습. 참가자들이 해킹된 서버와 홈페이지에 접속해 해킹 공격을 받은 위치를 파악하고, 악성코드를 찾아 분석하고 있다.

▶**나토(NATO)** : North Atlantic Treaty Organization의 약자로, 북대서양 조약 기구를 말함.

2장 사이버 범죄란 무엇일까?

▶ **처방** : 병을 치료하기 위해 증상에 따라 약을 짓는 방법.
▶ [41쪽] **항의** : 못마땅한 생각이나 반대의 뜻을 주장함.

★해킹 : hacking. 다른 사람의 컴퓨터 시스템에 허락 없이 침입하여 데이터와 프로그램을 없애거나 망치는 일.

★[43쪽] 크래커 : cracker. 다른 사람의 컴퓨터에 불법으로 침입하여 자료의 불법 열람, 변조, 파괴 등을 저지르는 사람.

똑똑 과학 해킹과 크래킹이란 무엇일까?

해킹은 허가 받지 않은 상태에서 다른 사람이나 기관의 컴퓨터 시스템에 접근하여 저장된 정보를 마음대로 복사·저장·삭제하는 행동을 폭넓게 이르는 말이다.

원래 해킹은 지적인 호기심으로 컴퓨터의 문제점을 해결하려는 행동을 뜻하는 말이었다. 하지만 악의적인 목적으로 시스템을 파괴하기 위해 해킹을 하는 사람들이 생겨났고, 그러한 행동을 블랙 해킹 혹은 크래킹이라고 한다.

해킹을 하는 사람을 해커라고 해. 그리고 악의적인 해킹인 크래킹을 하는 사람은 *크래커라고 하지.

▶ **원무과** : 병원, 학원 등에서 행정 업무를 맡아보는 부서.
▶ **약제과** : 약을 조제하는 업무를 맡아보는 부서.

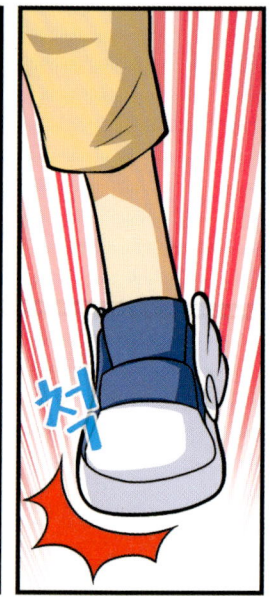

★**오류** : 연산 처리 장치의 잘못된 동작이나 소프트웨어의 잘못 때문에 생기는, 계산값과 참값과의 오차.

▶ 완료 : 완전히 끝마침.
▶ 정상 : 특별한 변동이나 탈이 없이 제대로인 상태.

▶ 침입하다 : 침범하여 들어가거나 들어오다.
★[47쪽] 감염 : 악성코드가 컴퓨터의 하드 디스크나 파일 등에 들어오는 일.

▶ 침투하다 : 어떤 곳에 몰래 숨어 들어가다.
★ 코드 : code. 컴퓨터에서 정보를 나타내는 기호 체계.

★**네트워크** : network. 데이터를 전송할 수 있는 통신망.
★**계정** : 인터넷에서 이용자의 신분을 증명하기 위해 문자, 숫자 등으로 이루어진 고유의 체계.

라이브 영상 사이버 범죄

사이버 범죄란 네트워크로 연결된 컴퓨터 시스템이나, 이를 통한 사이버 공간에서 이뤄지는 범죄를 말한다. 빠른 시간 안에 많은 사람에게 피해를 입히며, 사이버 공간이라는 특성상 범인을 찾기도 어렵다. 범죄의 유형에는 해킹, 사이버 명예 훼손, 전자상거래 사기, 개인 정보 침해 등이 있다. 대표적인 사이버 범죄인★스미싱은 다음과 같은 절차에 따라 범죄가 발생한다.

① 사람들에게 피해를 입힐 목적의 불법 사이트를 만든다.

② 불법으로 알아낸 개인 정보로 '무료 쿠폰', '모바일 청첩장' 등의 문자를 보내 사이트로 유인한다.

③ 링크된 문자를 통해 사이트를 방문한 사람의 스마트폰에 악성코드를 설치한다.

④ 악성코드로 피해자 모르게 소액 결제를 하는 등의 금융 범죄를 일으킨다.

★스미싱 : smishing. 문자 메시지(sms)와 피싱(phishing)의 합성어로, 문자 메시지를 이용해 개인의 휴대폰을 해킹하는 수법.

▶ **결정적** : 일의 결과를 결정지을 만큼 중요한.
▶ **메시지** : message. 어떤 사실을 알리거나 주장하거나 경고하기 위해 보내는 말.

톡톡과학 방화벽이란?

방화벽은 내부 네트워크를 보호하기 위해 외부에서 들어오는 불법 정보를 막고, ▶인증된 정보만을 허용하려는 적극적인 ▶방어 대책이다. 시스템 사용자의 외부 접속을 제한하거나, 보안을 위해 외부인의 사용을 제한하는 데 사용된다. 내부 사용자가 컴퓨터를 사용하는데 다소 불편함이 있긴 하지만, 내부 컴퓨터의 정보를 보호하기 위한 적극적인 안전 수단이라고 할 수 있다.

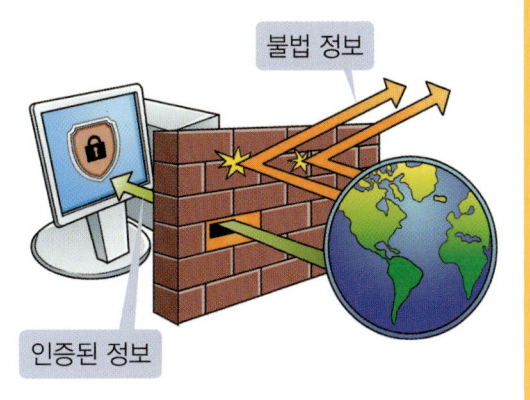

▶ 인증 : 어떠한 문서나 행위가 정당한 절차로 이루어졌다는 것을 공적 기관이 증명함.
▶ 방어 : 상대편의 공격을 막음.

▶ **급한 불** : 지금 당장 처리해야 할 절박한 문제를 비유하는 말.
▶ **수리** : 고장 나거나 허름한 데를 손보아 고침.

▶중지 : 하던 일을 중간에 그만둠.
▶예상 : 어떤 일을 직접 당하기 전에 미리 생각해 둠.

▶ 가운 : gown. 겉에 덧입는 옷.
▶ [55쪽] 전산실 : 건물의 컴퓨터 관련 업무와 컴퓨터 시설 관리 등을 담당하는 부서.

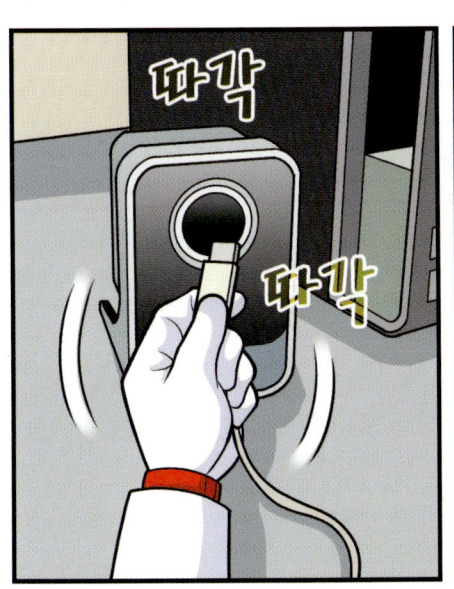

▶ 스피커 : speaker. 소리를 크게 하여 멀리까지 들리게 하는 기구.
★ 포트 : port. 중앙 처리 장치와 주변 장치가 통신하는 데 사용하는 컴퓨터의 연결 부분.

▶ **허술하다** : 치밀하지 못하고 엉성하여 빈틈이 있다.
▶ **테러** : terror. 폭력을 써서 적이나 상대편을 위협하거나 공포에 빠뜨리게 하는 행위.

★[56쪽] 방화벽 : 컴퓨터 통신망에서 통신 내용이 도용되거나 외부로부터 컴퓨터가 침범당하는 것을 막기 위하여 조직 내부의 네트워크와 인터넷 간에 전송되는 정보를 선별하는 보안 시스템.

▶ 대상 : 어떤 일의 상대 또는 목표나 목적이 되는 것.
▶ 최강 : 가장 강함.

▶ 손잡다 : 서로 힘을 합하여 함께 일하다.
▶ 정체 : 본래의 생김새나 신분, 이력 등.

▶ 이름값 : 명성이 높은 만큼 그에 걸맞게 하는 행동.
▶ 생색내다 : 다른 사람 앞에 당당히 나서거나 지나치게 자랑하다.

▶ 수상쩍다 : 수상한 데가 있다.
▶ 요청하다 : 필요한 어떤 일이나 행동을 청하다.

▶ **개발하다** : 새로운 물건을 만들거나 새로운 생각을 내놓다.
▶ **수단** : 어떤 목적을 이루기 위한 방법. 또는 그 도구.

★**루트킷** : rootkit. 사용자 몰래 악성코드를 심어 놓는 것. 해킹할 컴퓨터에 미리 설치해 두면 해킹할 때 걸리지 않도록 돕는 해킹 기술.

톡톡 과학: 해킹 대회와 해킹 기술에는 어떤 것이 있을까?

해킹 대회는 해커들이 자신의 실력을 뽐내며 누가 최고의 해커인지 가리는 대회이다. 대표적인 세계 해킹 대회로는 '데프콘'이 있는데, 해킹 실력을 이용한 퀴즈 풀기, 공격과 방어하기 등의 게임이 진행된다. 우리나라에서도 'KISA 해킹 방어 대회' 등이 열리고 있다.

해킹 대회의 가장 중요한 목적은 범죄 예방과 보안이다. 따라서 대회에서 해킹 시합뿐 아니라 보안 핵심 기술을 발전시키기 위해 새로운 기술 등을 선보이는 ▶컨퍼런스도 함께 진행되며, 보안 인력에 필요한 우수 ▶인재를 뽑기도 한다.

해킹 기술	
비밀 번호 크래킹	시스템에 저장되어 있는 비밀번호를 알아내는 해킹 기술.
루트킷	해킹할 때 들키지 않도록 해킹할 컴퓨터에 몰래 악성코드를 심어 놓는 해킹 기술.
키로거	사용자가 키보드로 남긴 비밀 번호의 기록을 훔친 후 복원하는 해킹 기술.
스푸핑	상대의 컴퓨터에 안심하고 접속할 수 있도록 다른 사람의 ★IP 주소나 이메일 주소를 이용해 접근하는 해킹 기술.
포트 스캔	시스템 방화벽의 통신 포트 중에 열려 있는 포트를 찾아 접근하는 해킹 기술.

▶ 컨퍼런스 : conference. 화제에 관해 협의하는 사람들의 모임 또는 회의.
▶ 인재 : 어떤 일을 할 수 있는 학식이나 능력을 갖춘 사람.

★ [64쪽] IP 주소 : 인터넷에 연결된 기기를 식별하는 고유 주소. '123.456.789.101'처럼 숫자와 '.'으로 이루어짐.

▶ 심판 : 규칙의 옳고 그름이나 승부를 판정하는 사람.
▶ [67쪽] 종적 : 없어지거나 떠난 뒤에 남는 자취나 형상.

▶ 신예 : 새롭고 기세나 힘이 뛰어남. 또는 그런 사람.
▶ 앙심 : 원한을 품고 복수하려는 마음.

인포그래픽 핵심 과학

 사이버 범죄의 종류

스팸
이메일, 인터넷, SMS 등을 통해 여러 사람에게 보내는 광고성 메시지로, 범죄에 이용되기도 한다.

해킹
컴퓨터 시스템이나 네트워크를 재설정하는 행동이다. 이를 악용해, 다른 사람의 컴퓨터에 허락 없이 침입하여 정보를 빼내거나 프로그램 등을 파괴하는 해킹은 크래킹으로 구분하기도 한다.

트로이 목마
웹 페이지, 이메일, P2P 다운로드 사이트 등에서 유용한 프로그램으로 가장해 악성 코드를 퍼트린다. 디도스 공격 시 좀비 PC로 활용당하기도 한다.

피싱
개인 정보(Private Data)와 낚시(Fishing)의 합성어로, 금융 기관 등으로부터 개인 금융 정보를 불법으로 알아내 이를 이용하는 범죄이다.

해커의 종류

화이트 햇 해커
다른 사람의 PC를 침입하는 것이 아닌, 네트워크와 시스템을 검사하여 보안의 취약점을 발견하고, 외부 침입에 취약한 부분을 개선하는 일을 한다.

그레이 햇 해커
해킹 기술을 사용하여 시스템의 취약점을 분석하고 이를 보완하기 위해 보안 장치를 설치해 준다. 목적은 선하지만 침입 자체는 불법이다.

블랙 햇 해커
악의적인 목적으로 시스템이나 네트워크를 손상시켜 기밀 정보를 빼내거나 악성코드 유포 등의 불법 행위를 일으킨다.

사이버 범죄 예방 수칙

01 출처를 알 수 없는 파일 또는 링크 클릭 금지!

02 소액 결제 금액 제한 및 차단!

03 비밀번호 주기적 변경!

이것만은 꼭 지킵시다!

플러스 통합 과학

역사로 정보통신 읽기 — 해킹은 어떻게 시작되었을까?

1950년대 말, 미국 매사추세츠 공과대학의 철도 동아리에서 철도의 신호기와 동력 시스템을 연구하던 학생들은 복잡한 계산을 위해 학교 컴퓨터인 PDP-1을 장시간 사용하였습니다. 그런데 이 당시 컴퓨터는 비싼 가격만큼 유지비 또한 비쌌어요. 게다가 사용 후 오랜 휴식이 필요했기 때문에 학교에서는 학생들의 과도한 사용을 통제하기 위해 전산실을 폐쇄하였지요. 그러자 철도 동호회 학생들은 컴퓨터실에 몰래 잠입하여 컴퓨터를 사용하였고, 점차 학교의 보안을 뚫고 컴퓨터를 몰래 사용한다는 것 자체를 즐기게 되었습니다.

▲최초의 미니 컴퓨터인 PDP-1

당시 '작업 과정 그 자체에서 느껴지는 순수한 즐거움 이외에는 어떠한 목표도 갖지 않는다'는 것을 지칭하는 ▶은어인 '해크(hack)'라는 용어가 사용되었어요. 철도 동호회 학생들은 여기에 사람을 뜻하는 '-er'을 붙여 자신들을 '해커'라고 불렀습니다.

사회로 정보통신 읽기 — 세계 해킹 대회가 있다고?

1990년에는 최초의 해킹 대회인 '데프콘'이 미국 라스베이거스에서 개최되었습니다. 데프콘은 매년 팀 단위로 예선을 거쳐 여덟 팀이 라스베이거스에서 본선을 치르는데, 컴퓨팅 소프트웨어부터 스마트폰에 이르기까지 해킹할 수 있는 모든 것을 경연 대상으로 삼아요. 전 세계 내로라하는 해커 그룹들이 참가해 최고 해커를 선발하는 대회이기에 '해킹 올림픽'이라고도 불리지요. 이 대회에서 2015년에 우리나라 팀이 최초로 대회 1위를 차지했고, 이후 매년 상위권을 유지하고 있습니다.

▲2015년 데프콘에서 첫 우승을 차지한 한국 대표팀이 받은 우승 기념 배지

▶은어 : 어떤 계층이나 부류의 사람들이 다른 사람이 알아듣지 못하도록 구성원들끼리만 사용하는 말.

> **인물로 정보통신 읽기** 천재 해커에서 IT 그룹의 CEO가 된 사람은 누구일까?

1950년, 미국에서 태어난 스티브 워즈니악이 자란 캘리포니아 남부 ▶실리콘 밸리는 많은 엔지니어가 거주하는 곳이었어요. 쉽게 전자 부품을 구할 수 있었던 환경 덕분에 집 차고에서 동네 아이들과 만든 전기 장치로 과학 경진 대회에서 상을 받기도 하고, 아마추어 무선통신사로도 활동했습니다.

버클리 대학에 진학한 워즈니악은 당시 다섯 살 어린 스티브 잡스와 어울리며 공중전화를 무료로 쓸 수 있게 한 해킹 프로그램인 '블루박스'를 만들기도 했지요.

▲1976년 제작된 애플 I 컴퓨터. 경매에 부쳐진 것으로, 매뉴얼과 구조도가 포함되어 있다.

1976년, 스티브 잡스와 함께 애플 컴퓨터를 공동 창업한 워즈니악은 애플I을 만들어 판매했어요. 애플I은 키보드와 모니터를 연결해 작동되는 최초의 개인용 컴퓨터였습니다. 이후 워즈니악은 애플사의 최고 엔지니어로서 색상이 지원되고 그래픽이 자체적으로 구현되는 등의 성능을 개선한 애플II를 추가로 개발했어요. 당시 고해상도를 지원하는 개인용 컴퓨터는 애플II밖에 없던 터라 게임을 개발하는 개발자들에게 매우 특별한 컴퓨터로 인정받았지요. 1980년 나스닥에 애플 컴퓨터의 주식이 공개되며 워즈니악은 실리콘 밸리에서 가장 성공한 엔지니어가 되었답니다.

▲1984년, 스티브 잡스(왼쪽)와 존 스컬리(가운데), 스티브 워즈니악(오른쪽)이 새로운 애플 컴퓨터를 선보이고 있다.

▶ **실리콘 밸리** : Silicon Valley. 미국 캘리포니아주 샌프란시스코 동남부 지역의 이름. 소프트웨어 산업의 중심지이자 첨단 기술 연구 단지.

3장 악성코드의 종류에는 무엇이 있을까?

▶ 인정하다 : 확실히 그렇다고 여기다.
▶ 과시하다 : 자랑하여 보이다.

▶ 병균 : 병의 원인이 되는 균.
★ 업데이트 : update. 기존 정보를 최신 정보로 바꿈.

악성코드의 종류에는 무엇이 있을까?

악성코드는 자기 자신을 복제할 수 있는 능력과 감염시킬 수 있는 대상의 존재 여부에 따라 바이러스, 웜, 트로이 목마 등으로 나뉜다.

바이러스의 특징
- 복제하거나 전염시킬 수 있으며, 파일이나 ★부트 섹터 등 감염 대상이 필요하다.
- 사용자가 감염된 파일을 이메일 등으로 옮길 때 전파된다.
- 감염된 PC는 컴퓨터의 시스템 및 파일이 손상된다.

웜의 특징
- 전염성이 매우 강하며 독자적으로 존재한다.
- 네트워크, 이동식 저장 장치 등을 통해 스스로 전파한다.
- 감염된 PC는 네트워크의 성능이 떨어진다.

트로이 목마의 특징
- 소프트웨어에서 특정 동작을 하는 코드에 숨어 있다.
- 인터넷 등에서 감염 파일을 내려 받거나 이메일의 첨부 파일, 웹 취약점 등을 통해 전파된다.
- 감염된 PC는 성능이 떨어지고, ★좀비 PC가 되기도 한다.

★**부트 섹터** : boot sector. 컴퓨터 부팅 시, 디스크에서 제일 먼저 읽혀지는 정보가 있는 부분.
★**좀비 PC** : 사용자 모르게 악성코드에 감염되어 해커에 의해 조종되는 PC.

▶ **빈틈** : 허술하거나 부족한 점.
▶ **휩쓸다** : 경기, 시합 등에서 상이나 메달 등을 모두 차지하다.

▶ 형편 : 살림살이.
▶ 전문 : 어떤 분야에 상당한 지식과 경험을 가지고 오직 그 분야만 연구하거나 맡음.

▶ [76쪽] 우주인 : 지구 이외의 천체에 존재한다고 생각되는 지적인 생명체.
▶ 눈치 : 속으로 생각하는 바가 겉으로 드러나는 어떤 태도.

▶ 기관 : 일정한 역할과 목적을 위해 설치한 기구나 조직.
▶ 협박하다 : 겁을 주며 압력을 가하여 남에게 억지로 어떤 일을 하도록 하다.

▶ [78쪽] 입수하다 : 손에 넣다.
▶ 협조하다 : 생각이나 이해가 부딪히는 사람들이 평온하게 문제를 협력하여 해결하려 하다.

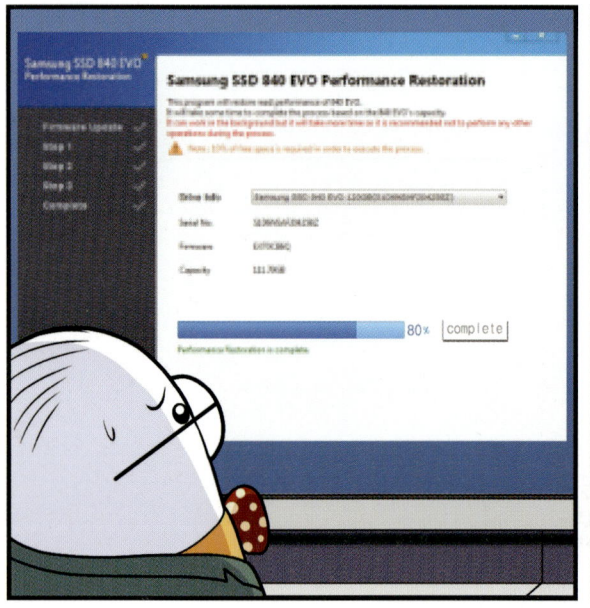

▶ 제거하다 : 없애 버리다.
★ [81쪽] 다운로드 : download. 컴퓨터 통신망을 통해 파일이나 자료를 받는 것.

★**백업** : back-up. 잘못된 조작 때문에 데이터나 정보 파일이 손상되는 것에 대비하여 똑같은 파일을 여분으로 저장 장치에 복사해 두는 일.

★**복구되다** : 시스템이 정상적으로 작동하지 않을 때, 문제가 생기기 바로 앞의 상태로 회복시켜 프로그램의 처리를 계속할 수 있게 되다.

라이브 영상 컴퓨터 보안 수칙

해킹을 통해 중요한 정보를 빼내거나 시스템을 ▶파괴하려는 시도는 사용자가 알아채지 못하게 진행되므로, 이를 예방하기 위해서는 사용자 스스로 주의할 필요가 있다. 컴퓨터뿐만 아니라 스마트폰을 비롯한 모든 기기는 항상 보안에 신경 써야 한다. 악성코드로부터 컴퓨터를 지키기 위해 다음의 보안 수칙을 기억해 두자.

▶ [82쪽] 비상용 : 뜻밖의 긴급한 사태가 일어났을 때 씀. 또는 그런 물건.
▶ 파괴하다 : 때려 부수거나 깨뜨려 헐어 버리다.

▶ 착불 : 택배로 물건을 받은 후에 돈을 치름.
▶ [85쪽] 특별 수당 : 일정한 급료 이외에 지급하는 보수.

▶ 청구하다 : 남에게 돈이나 물건 등을 달라고 하다.
▶ 호의적 : 좋게 생각해 주는. 또는 그런 것.

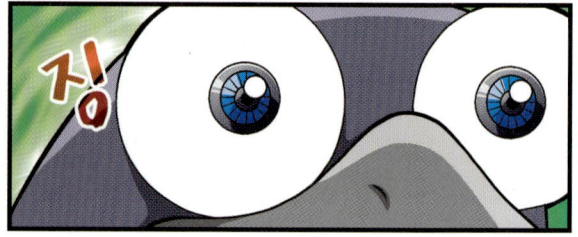

▶ 서비스 : service. 개인적으로 남을 위해 도움을 줌.
★ [87쪽] usb : 컴퓨터에서 주변 기기와의 데이터 전송에 사용하는 외부 저장 장치.

▶ 버드 : bird. 새
★ 드론 : drone. 무선 전파로 조정할 수 있는 무인 비행기.

▶ CCTV : 특정 수신자를 대상으로 화상을 전송하는 시스템.
▶ [89쪽] 자료 : 연구나 조사 등의 바탕이 되는 재료.

▶ 소홀하다 : 대수롭지 않고 예사롭다.
▶ 진작 : 좀 더 일찍이.

▶ 철저히 : 빈틈이나 부족함이 없이.
★ 서버 : server. 주된 정보를 제공하거나 작업을 수행하는 컴퓨터 시스템.

톡톡 과학: 해킹의 접근 방식에는 무엇이 있을까?

해킹은 접근 방식에 따라 웹 해킹, 시스템 해킹, 네트워크 해킹 등으로 구분할 수 있다.

▲ 웹 해킹 : 웹 사이트의 구조를 파악한 뒤, 약점을 찾아 공격하는 것으로, 권한이 없는 시스템에 접근하여 데이터를 유출하거나 파괴한다.

▲ 시스템 해킹 : 사용 권한이 없는 사용자가 시스템의 약점을 공격해 서비스를 방해하거나 정보를 빼낸다.

◀ 네트워크 해킹 : 네트워크상의 약점을 찾아 공격하는 것으로, 개인 정보 집단 유출과 같이 피해 규모가 크다.

★**탈옥폰** : 사용자가 가지고 있는 스마트폰과 다른 제조사에서 제공하는 기능을 사용하기 위해 잠금 장치를 해제한 스마트폰.

▶ 탈 : 몸에 생긴 병.
▶ 몰골 : 볼품없는 모양새.

▶ 추가 : 나중에 더 보탬.
▶ 헛수고 : 아무 보람도 없이 애를 씀. 또는 그런 수고.

▶ **최신** : 가장 새로움.
▶ **수소문하다** : 세상에 떠도는 소문을 두루 찾아 살피다.

▶ 화상 통화 : 상대방과 화면을 통해 서로 얼굴을 보면서 통화하는 것.
▶ 움큼 : 손으로 한 줌 움켜쥘 만한 분량을 세는 단위.

★[97쪽] **행성** : 중심이 되는 큰 별 주위를 도는 별. 태양계의 행성에는 수성, 금성, 지구, 화성, 목성, 토성 등이 있음.

▶ 주관하다 : 어떤 일을 책임을 지고 맡아 관리하다.
▶ 구석 : 마음이나 사물의 한 부분.

98 ▶ 단도직입적 : 여러 말을 늘어놓지 않고 바로 가장 중요한 것을 말함.
▶ 엉뚱하다 : 사람, 물건, 일 등이 현재 일과 관계가 없다.

▶ [98쪽] 간혹 : 어쩌다가 띄엄띄엄.
▶ 내빼다 : 피하여 달아나다.

▶ [101쪽] 흔적 : 어떤 현상이나 실체가 없어졌거나 지나간 뒤에 남은 자국이나 자취.
▶ [101쪽] 치밀하다 : 자세하고 꼼꼼하다.

★**클라우드** : cloud. 데이터를 인터넷과 연결된 중앙 컴퓨터에 저장해서 인터넷에 접속하기만 하면 언제 어디서든 데이터를 이용할 수 있는 것.

▶ [103쪽] **사칭하다** : 이름, 직업, 나이, 주소 등을 거짓으로 속여 말하다.
▶ [103쪽] **요구하다** : 받아야 할 것을 필요에 의하여 달라고 청하다.

▶ 수당 : 정해진 봉급 외에 따로 주는 보수.
▶ 은인 : 자신에게 은혜를 베푼 사람.

인포그래픽 핵심 과학

악성코드의 종류와 특징

악성코드는 자기 자신을 복제할 수 있는 능력과 감염시킬 수 있는 대상의 존재 여부에 따라 바이러스, 웜 등으로 나눌 수 있다.

바이러스의 특징

자기 복제가 가능하지만 웜에 비해 전염성이 강하진 않다.

감염 파일에서 다른 정상 파일로 자기 복제하며, 감염시킬 대상이 있어야 실행된다.

감염시키는 위치에 따라, 부트 바이러스, 파일 바이러스가 있다.

웜의 특징

자기 복제가 가능하며 전염성이 매우 강하다.

감염시킬 대상이 없어도 스스로 번식하며, 주로 네트워크를 통해 전파된다.

시스템이나 데이터를 암호화하여 돈을 요구하는 랜섬웨어가 있다.

악성코드 감염 진단

내 컴퓨터가 악성코드에 감염되지 않았는지 진단해 보자.

① 컴퓨터의 부팅 속도가 느려진다.

② 정상으로 작동하던 프로그램이 실행이 안 된다.

③ 이유 없이 시스템이 자주 다운되거나 재부팅된다.

④ 보안 프로그램이나 방화벽이 작동을 안 한다.

⑤ 디스크 드라이브나 하드 드라이브에 접근이 안 된다.

⑥ 갑자기 프린터 사용이 안 된다.

⑦ 윈도우 창에 경고 메시지 창이 뜬다.

⑧ 사용자의 의사와 상관없이 프로그램이 실행된다.

⑨ 실행 파일이나 데이터 파일이 지워진다.

플러스 통합 과학

신화로 정보통신 읽기 | 트로이 목마란 무엇일까?

시인 호메로스가 지은 〈일리아드〉에 그리스가 트로이를 무너뜨릴 때 결정적인 역할을 한 목마가 등장해요. 그리스는 트로이를 둘러싸고 10여 년간 공격했지만, 성을 함락시키지 못했어요. 그래서 커다란 목마를 만들어 30여 명의 군인을 그 안에 매복시킨 뒤, 목마를 버리고 후퇴한 척했어요. 트로이 사람들은 이 목마를 승리의 상징으로 기념하며 성 안으로 들여놓았어요. 그날 밤, 트로이 사람들이 모두 잠든 틈을 타 목마 속에서 나온 그리스 군인들은 성문을 열어 그리스 군대를 성 안으로 들여놓았습니다.

▲트로이의 고대 유적지에 있는 트로이 목마 모형

악성코드 중에는 마치 유용한 프로그램인 것처럼 위장하여 거부감 없이 설치를 유도하는 프로그램들이 있어요. 이 악성코드를 그리스의 트로이 목마처럼 치명적인 피해를 입힐 수 있다 하여 '트로이 목마'라고 부릅니다. 트로이 목마는 다른 프로그램이나 PC를 통해 전염되지는 않아요. 주로 이메일이나 공유 사이트 등에서 일반 파일인 척하며 사용자의 선택을 기다리지요. 이처럼 전파 방식은 단순하지만 위험성은 매우 높답니다. 신용카드 번호나 게임 비밀번호를 빼내 가기도 하고 파일을 지우거나 PC 성능을 떨어뜨리기도 해요. 때때로 디도스 공격을 위한 좀비 PC로 이용당하기도 합니다.

경제로 정보통신 읽기: 랜섬웨어 피해를 줄이기 위한 글로벌 프로젝트가 있다고?

랜섬웨어란 몸값(ransom)과 소프트웨어(software)의 합성어로, 컴퓨터 시스템을 잠그거나 데이터를 암호화해서 컴퓨터를 사용할 수 없도록 만든 다음, 사용자에게 돈을 요구하는 악성 프로그램입니다.

랜섬웨어는 주로 이메일의 첨부 파일이나 웹 페이지 접속을 통해 확인되지 않은 프로그램이나 파일을 내려받는 과정에서 감염돼요. 랜섬웨어를 이용해 불법적인 경로로 돈을 벌려는 해커들의 근거지가 주로 해외에 있어서 정체를 파악하기도 어렵고, 체포하는 것도 쉽지 않은 상황입니다.

▲ 2017년 전 세계를 강타한 랜섬웨어 '페티야(PETYA)'

이와 같은 **랜섬웨어 피해를 줄이기 위해 생겨난 프로젝트가 바로 노모어랜섬**이에요. 노모어랜섬은 랜섬웨어에 감염된 파일 복구를 위한 디코드 도구를 개발하고 해커들에 관한 정보를 공유하지요. 우리나라에서는 경찰청과 한국인터넷진흥원이 이 프로젝트에 참여하고 있습니다.

노모어랜섬 사이트에서는 랜섬웨어와 관련한 40여 종의 무료 복구 프로그램을 제공하고 있어요. 랜섬웨어에 감염된 2,500여 명의 컴퓨터 감염 파일을 복구해 사이트 개설 후 2017년까지 16억 원에 달하는 피해를 예방할 수 있었습니다.

▲ 한국인터넷진흥원(KISA)의 종합상황실에서 직원들이 대규모 랜섬웨어 공격과 관련해 상황을 주시하고 있다.

▶ **디코드**: decode. 어떤 규칙에 따라 부호로 바뀐 데이터를 원래 형태로 바꾸는 작업.

4장 트래픽 과부하를 일으키는 사이버 공격이 있다고?

"진짜 마스터봇이라면 빅터들도 알겠네?"

두리번 두리번

"물론이지! 뚱뚱한 녀석, 홀쭉한 녀석, 키가 큰 녀석까지 모두 잘 있지?"

"응!"

킥킥

"이게 닥피가 쓰던 메인 컴퓨터인가 보군!"

털썩

▶ 홀쭉하다 : 몸통이 가늘고 길다.
▶ 메인 : main. 주된. 가장 큰.

▶ 달인 : 남달리 뛰어난 역량을 가진 사람.
▶ 특별하다 : 보통과 구별되게 다르다.

★[111쪽] 디도스 : DDos. 여러 PC가 동시에 공격하는 해킹 방식.
▶[111쪽] 들통나다 : 비밀이나 잘못된 일이 드러나다.

톡톡 과학 디도스 공격이란 무엇일까?

디도스 공격은 수십 대에서 많게는 수백만 대의 PC를 ▶원격 조종하여 특정 서버에 동시 접속시킴으로써, 짧은 시간 안에 트래픽 ▶과부하를 일으키는 사이버 공격이다. 여기서 트래픽이란, 전화나 전신 등에 일정 시간 동안 흐르는 데이터의 양을 뜻하며, 특정 서버에 한꺼번에 사용자가 몰리면 트래픽이 과부하되어 서버가 멈춰버리고 제 기능을 하지 못한다.
이처럼 디도스 공격의 목적은 자료를 유출하거나 삭제하는 것이 아닌, 단순히 서버를 마비시켜 일반 사용자들의 서버 접근을 막는 것이다. 주로 많은 사람을 상대로 하는 공공시설이나 기업을 대상으로 일어난다.

▶ **원격** : 멀리 떨어져 있음.
▶ **과부하** : 기기나 장치가 다룰 수 있는 정상치를 넘은 상태.

★통신 : 정보 전달을 다루는 과학 기술. 또는 우편이나 전화 등으로 서로의 생각을 전달하는 것.
▶믿는 도끼에 발등 찍힌다 : 믿고 있던 사람이 배신하여 해를 입음을 비유한 말.

▶ [112쪽] 유독 : 많은 것 가운데 홀로 두드러지게.
▶ 서류 : 글자로 기록한 문서를 통틀어 이르는 말.

▶ **경계** : 적의 예기치 못한 침입을 막기 위하여 주변을 살피면서 지킴.
▶ **전설** : 옛날부터 전해 내려오는 이야기.

▶ 계략 : 어떤 일을 이루기 위한 꾀나 수단.
▶ 흑심 : 음흉하고 옳지 않은 욕심이 많은 마음.

▶ **번영** : 번성하고 영화롭게 됨.
▶ **침략하다** : 남의 나라를 불법으로 쳐들어가서 약탈하다.

▶ **괴짜** : 괴상한 짓을 잘하는 사람을 속되게 이르는 말.
▶ **지배하다** : 어떤 사람이나 집단, 조직, 사물 등을 자기의 뜻대로 복종하게 만들어 다스리다.

118
- ▶추방하다 : 일정한 지역이나 조직 밖으로 쫓아내다.
- ▶위협하다 : 힘으로 으르고 협박하다.

슈

옥

으하하하하!
내가 순순히 따를 것
같으냐!

헉! 설마 그동안
로봇 생체 연구까지
했던 거야?

슉

잘 있어라,
이 범생이들아!

지금은 비록
떠나지만, 난 다시
빅토피아로 돌아올
것이다!

▶ [118쪽] 중벌 : 무겁게 벌함. 또는 무거운 형벌.
▶ 생체 : 살아 있는 몸.

▶ 잠잠하다 : 분위기나 활동 등이 없고 조용하다.
★ 유전자 : 생물체 개개의 유전 형질을 나타내는 원인이 되는 요소.

톡톡 과학 | 좀비 PC는 어떤 증상이 나타날까?

디도스 공격에 악용되는 좀비 PC는 악성코드 감염 여부를 알아내기가 쉽지 않다. 특히 악성코드는 백신 프로그램이나 다른 보안 프로그램을 공격해 강제 종료시키거나 백신 프로그램의 업데이트를 차단함으로써 자신의 존재를 숨기기도 해서 사용자에게 위협적인 존재가 되고 있다.

해커의 공격을 받은 좀비 PC는 개인 정보를 빼앗길 뿐 아니라, 역으로 악성코드를 다른 PC에 퍼트리는 또 다른 가해자가 되기도 한다. 이때부터는 불법 프로그램이나 스팸 메일을 발송하기도 하고, 이로 인해 해당 시스템과 시스템이 속한 네트워크에 과부하가 발생해 접속 장애를 일으키기도 한다.

▶ **악용되다** : 알맞지 않게 쓰이거나 나쁜 일에 쓰이다.
▶ **가해자** : 다른 사람의 생명이나 신체, 재산, 명예 등에 해를 끼친 사람.

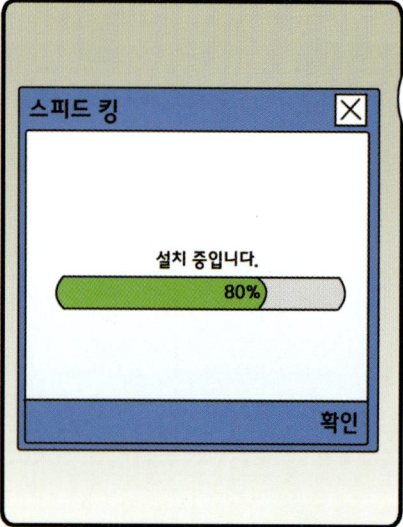

★이메일 : email. 컴퓨터의 단말기 이용자끼리 통신 회선을 이용하여 주고받는 글.
▶초고속 : 극도로 빠른 속도.

▶ 행세 : 해당되지 않는 사람이 어떤 당사자인 것처럼 행동함.
▶ 추적하다 : 도망치는 사람의 뒤를 밟아서 쫓다.

▶ [125쪽] 최종 : 맨 나중.
▶ [125쪽] 목적지 : 나아가고자 하는 방향으로 삼은 곳.

▶ PC방 : 손님이 인터넷을 할 수 있도록 개인용 컴퓨터를 갖추고 영업하는 곳.
▶ 분석하다 : 얽혀 있거나 복잡한 것을 풀어서 개별적인 요소나 성질로 나누다.

▶ 방해꾼 : 남의 일을 간섭하고 막아 해를 끼치는 사람.
▶ 최면 : 암시에 의하여 인위적으로 이끌어 낸, 잠에 가까운 상태.

▶ **지배자** : 남을 지배하거나 지배적인 위치에 있는 사람.
▶ **점령하다** : 해당 지역을 군사적으로 지배하다.

▶ [129쪽] 블로거 : blogger. 관심 글을 올리는 웹 페이지인 블로그를 운영하는 사람.
▶ 스플로그 : splog. 광고성 블로그로, 블로그를 통한 스팸 메시지를 말함.

라이브 영상 스플로거의 활동

스플로거란 스팸과 블로거의 합성어로, 불특정 다수에게 일방적인 광고를 보내는 사람이다. 인터넷 사용자를 끌어들이기 위해 인기 검색어를 자신의 블로그에 노출시켜 방문을 유도한다.

▲ 내용과 관계없는 인기 검색어를 등록하는 스플로거

▲ 검색어에 속아 불법 광고나 악성 프로그램을 다운받는 사용자

▶ 합성어 : 둘 이상의 단어가 결합하여 하나의 단어가 된 말.
▶ 노출 : 겉으로 드러나거나 드러냄.

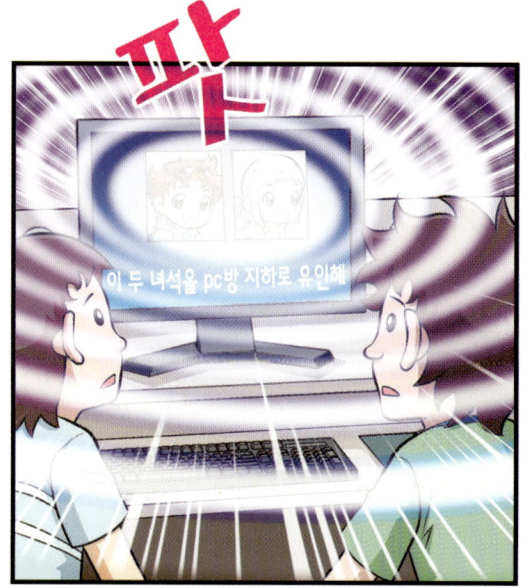

▶ 유인하다 : 주의나 흥미를 일으켜 꾀어내다.
▶ 잽싸다 : 동작이 매우 빠르고 날래다.

▶ 으스스하다 : 차거나 싫은 것이 몸에 닿아, 소름이 돋는 느낌이 있다.
▶ 아늑하다 : 편안하고 조용한 느낌이 있다.

▶ 작정하다 : 일을 어떻게 하기로 결정하다.
▶ 매번 : 매 때마다.

★**공유기** : 인터넷 IP 주소 공유기. 하나의 IP 주소를 여러 대의 컴퓨터가 공유해서 인터넷에 접속할 수 있도록 하는 역할을 함.

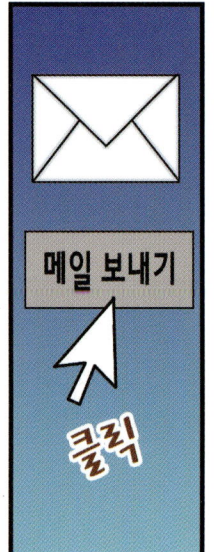

▶구출하다 : 위험한 상태에서 구해 내다.
★모니터 : monitor. 컴퓨터에서 처리한 결과를 보여주는 출력 장치.

★ **시디롬 드라이브** : cd rom drive. 각종 데이터가 기록되어 있는 장치인 CD롬의 데이터를 읽어 내는 컴퓨터 주변기기.

135

조크 바이러스란 무엇일까?

조크 바이러스란 악의 없이 단순히 사용자를 불안하게 만들 목적으로 만들어진 가짜 바이러스이다. 모니터 화면이 거꾸로 보인다거나 시디롬 드라이브 출입구가 열리는 정도의 가벼운 형태로 나타나지만, 놀란 사람들이 컴퓨터를 그대로 종료시킬 경우 자료를 잃을 수도 있고, 또 다른 악성 바이러스가 발생하면서 큰 피해로 이어질 수 있으니 주의해야 한다.

▶ **조크** : joke. 실없이 장난으로 하는 말이나 익살.
▶ **악의** : 나쁜 마음.

▶ 섣불리 : 솜씨가 서투르고 어설프게.
▶ 증거 : 어떤 사실을 증명할 수 있는 근거.

▶ 합성 : 둘 이상의 것을 하나로 합침.
▶ 줄임말 : 단어의 일부분을 줄여 만든 말.

▶ **지긋지긋하다** : 진저리가 나도록 몹시 싫고 괴롭다.
▶ **음성** : 목소리나 말소리.

▶ 봉인하다 : 사용하지 못 하도록 가두어 두다.
▶ 해제하다 : 행동에 제한이 있는 것 등을 풀어 자유롭게 하다.

▶[140쪽] 물다 : 남에게 오해를 입힌 것을 돈으로 갚아 주거나 본래의 상태로 해 주다.
▶근처 : 가까운 곳.

인포그래픽 핵심 과학

악성코드 감염 경로

정품이 아닌 소프트웨어를 통한 감염

클라우드 서비스를 통한 감염

업데이트를 하지 않은 컴퓨터를 통한 감염

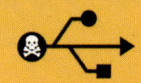
저장 장치를 통해 개인끼리 주고받는 자료를 통한 감염

> 흐흐흐. 인터넷 사용이 늘어날수록 감염 경로는 더욱 다양해진다고!

검증되지 않은 메시지를 통한 감염

불법으로 다운받은 파일을 통한 감염

디도스 공격 방식

❶ 악성코드를 만드는 해커

❷ 악성코드를 퍼트리는 해커

❸ 좀비 PC가 되어 버린 컴퓨터들

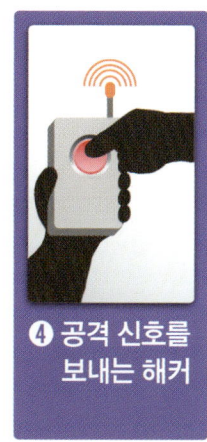
❹ 공격 신호를 보내는 해커

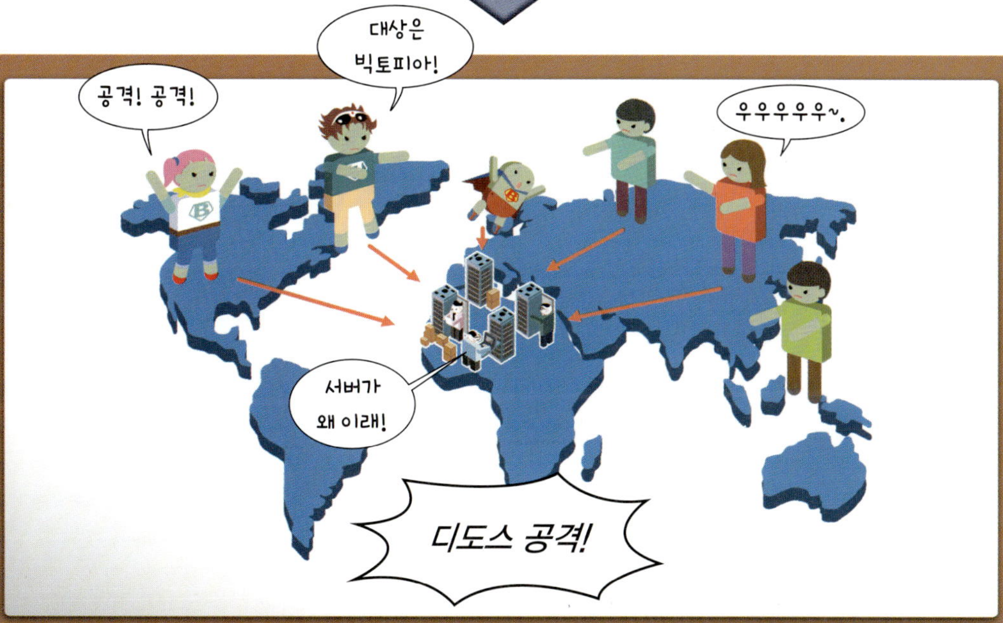

❺ 해커가 공격하고자 하는 대상에 동시 접속하는 좀비 PC들

플러스 통합 과학

법학으로 정보통신 읽기 | 개인 정보 노출이 왜 위험할까?

종종 회원들의 개인 정보 관리를 소홀히 해, 개인 정보 보호법에 따라 엄청난 액수의 벌금을 낸 기업의 소식을 접한 적이 있을 거예요. 그런데 개인 정보 노출이 얼마나 위험하길래 법적인 처벌까지 받는 걸까요?

개인 정보란 이름, 주민 등록 번호, 주소처럼 특정 개인을 알아볼 수 있는 정보를 말해요. 이러한 개인 정보가 유출된다면, 각종 범죄로 이어질 수 있지요. **스팸 메일이나 문자를 보내는 데 사용될 수도 있고, 특정 사이트에 가입되어 범죄의 도구로 사용될 수도 있어요.** 그렇기에 개인 정보를 스스로 지켜 내기 위한 노력이 반드시 필요합니다.

▲ 개인 정보가 담긴 문서 수백 장을 무단 투기한 현장. 개인 정보를 무단 투기한 사람은 법적인 처벌을 받는다.

상식으로 정보통신 읽기 | 패스워드 증후군이란 무엇일까?

대부분의 사람이 포털 사이트, 은행, 경비 시스템 등을 이용하기 위해 여러 개의 패스워드를 설정해요. 게다가 비밀번호 유출을 막기 위해 주기적으로 패스워드도 교체해 주고 있지요.

단어: christmas, 숫자: 0102, 기호: **
① christmas0102**
② 0102christmas**
③ **christmas0102

▲ 패스워드 조합의 예

이처럼 **여러 패스워드를 관리하다 보니 필요할 때 패스워드를 기억하지 못해 스트레스를 받을 때가 있는데, 바로 이러한 증상을 패스워드 증후군**이라 부릅니다. 안전을 위해 매번 복잡하게 패스워드를 바꾸자니 머리가 아프고, 그렇다고 기억하기 쉽도록 단순하게 바꾸자니 정보 유출이 걱정되지요. 이러한 혼란을 막으려면, 자신만의 패스워드 설정법이 필요해요. 남들이 모르는 나만의 정보, 예를 들어 좋아하는 영어 단어와 숫자, 기호를 조합해 패스워드를 만든 뒤 순서를 바꿔 가며 사용하면 기억하기도 쉽고 보안 걱정도 덜 수 있습니다.

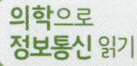 **의학으로 정보통신 읽기**

신체 일부를 암호로 사용할 수 있을까?

바이오 인증이란 개인이 가진 고유한 신체의 정보를 추출하여 개인을 식별하거나 인증하는 기술이에요. 이것을 생체 정보라고 하는데, 이 정보는 크게 신체 정보 특징과 행동 정보 특징으로 구분됩니다.

스마트폰의 발전과 더불어 다양한 생체 인식을 지원하는 단말기의 보급이 지속적으로 확대되고 있어요. 따라서 바이오 인증에 대한 **보안 강화가 점점 더 강조될 것이고, 향후 복합 바이오 인증 서비스로 점차 확대될 것으로 예상되고 있습니다.**

신체 정보 특징	지문 인식
	홍채 인식
	혈관 인식
	얼굴 인식
행동 정보 특징	걸음걸이
	음성 인식
	서명
	자판 입력

하지만 바이오 인증 역시 완벽한 것은 아니에요. 실제 보안 사고 사례를 살펴보면, 실리콘을 이용해 지문을 위조하거나 고해상도 사진으로 바이오 인증을 시도하는 등의 여러 조작 시도가 있었지요. 그중 일부는 위조된 정보로 바이오 인증에 성공한 사례도 있었습니다.

지문, 홍채, 혈관 등 바이오 정보는 민감한 개인 정보에 해당되며 유출될 경우 대체하기 어려워 큰 피해가 예상돼요. 따라서 바이오 인증 기술의 위험을 인식하고 안전성을 면밀히 분석해 볼 필요가 있습니다.

▲홍채 인식 잠금 해제 기능이 들어간 스마트폰. 홍채는 안구의 각막과 수정체 사이에 있는 얇은 막으로 개인 고유의 특징을 지닌다.

▲혈관 인식은 손가락, 손등, 손바닥 등이 사용되는데, 손등 혈관 인식은 우리나라가 최초로 개발했다.

5장 사물 인터넷 시대의 보안 취약점은 무엇일까?

아까 우리가 지나왔던 지하 복도가 아닌데?

여긴 마치 지하 동굴 같아.

어디로 가야 닥피를 만날 수 있을까?

두리번 두리번

저기 어슴푸레한 빛이 보여. 저 길로 가 보자.

척

146
▶ **동굴** : 자연적으로 생긴 깊고 넓은 큰 굴.
▶ **어슴푸레하다** : 뚜렷하게 보이거나 들리지 아니하고 희미하고 흐릿하다.

★**입력** : 문자나 숫자를 컴퓨터가 기억하게 하는 일.
▶**힌트** : hint. 어떠한 일을 해결하는 데 실마리가 되는 것.

▶ 미켈란젤로(1475~1564) : 이탈리아의 화가, 조각가, 건축가이자 시인.
★ 하드 디스크 : hard disk. 헤드, 디스크 등을 넣어 밀봉한 고정 자기 디스크 장치.

▶ **구구단** : 곱셈에 쓰는 기초 공식으로, 1에서 9까지의 각 수를 두 수끼리 서로 곱하여 그 값을 나타냄.

▶ 배수 : 어떤 수의 몇 배가 되는 수.
▶ 차분히 : 마음이 가라앉아 조용하게.

▶ 탈락 : 범위에 들지 못하고 떨어지거나 빠짐.
▶ 동강 : 어떤 긴 물체가 작은 토막으로 잘라지거나 끊어지는 모양.

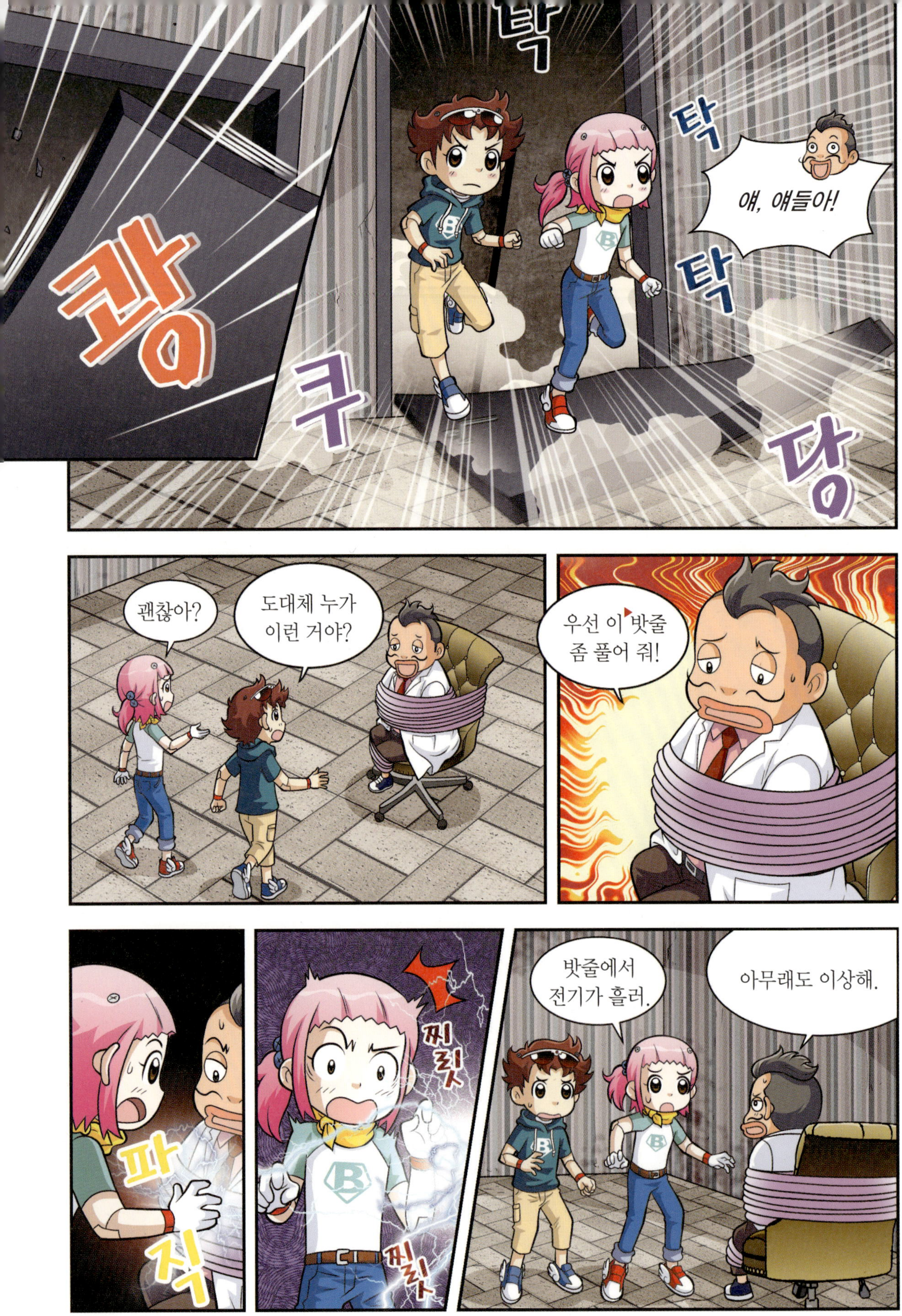

▶ 밧줄 : 굵게 꼰 줄.
▶ [153쪽] 휘감다 : 어떤 물체를 다른 물체에 휘둘러 감거나 친친 둘러 감다.

★**포트 스캐너** : 시스템 방화벽의 통신 포트들 중에 열려 있는 포트를 찾아 접근하는 해킹 기술인 포트 스캔을 하기 위한 도구.

클라우드 진단이란 무엇일까?

클라우드란, 인터넷에 연결된 중앙 시스템에 데이터를 저장해 놓고 언제 어디서든 이용할 수 있는 시스템이야.

클라우드 진단이란, 네트워크로 연결된 사용자와 보안 업체 서버 간 정보가 실시간으로 공유되어, 이를 통해 악성코드를 진단하는 것을 말한다. 네트워크만 연결되어 있으면 외부의 데이터베이스와 엔진을 통해 휴대 전화, 컴퓨터 등의 악성코드를 치료할 수 있다.

이 클라우드 진단 서비스는 특히 스마트폰 환경에서 주목 받고 있으며, 수시로 새로운 백신으로 업데이트가 가능하고 빠르게 바이러스의 침투를 막을 수 있게 돕는다.

▶ **진단하다** : 상태를 판단하다.
▶ **데이터베이스** : database. 업무에 공동으로 필요한 데이터를 저장한 집합체.

▶ 외계 : 지구 밖의 세계.
▶ 신종 : 새로운 종류.

▶ 정체 : 참된 본래의 형체.
▶ 공공시설 : 국가나 공공 단체가 공공의 편의나 복지를 위하여 설치한 시설.

▶ [156쪽] 음모 : 나쁜 목적으로 몰래 흉악한 일을 꾸밈.
▶ 앙심 : 원한을 품고 앙갚음하려고 벼르는 마음.

▶ 손아귀 : 세력이 미치는 범위.
▶ 사태 : 벌어진 일의 상태.

▶ [158쪽] 갑부 : 첫째가는 큰 부자.
▶ [158쪽] 정복자 : 남의 나라를 무력으로 빼앗고 복종시키는 사람.

▶ 발각되다 : 숨기던 것이 드러나다.
▶ 점령하다 : 그 지역을 군사적으로 지배하다.

▶ 암흑 : 암담하고 비참한 상태를 비유하는 말.
▶ 부스터 : booster. 속도와 방향을 줄 때 쓰는 보조 추진 장치.

▶ 추락 : 높은 곳에서 떨어짐.
▶ 미숙하다 : 익숙하지 못하여 서투르다.

▶ **영영** : 영원히 언제까지나.
▶ **[165쪽] 한곳** : 일정한 곳. 또는 같은 곳.

▶ **최대한** : 일정한 조건에서 가능한 한 가장 많이.
▶ **불안정하다** : 안정성이 없거나 안정되지 못한 상태이다.

★**홈페이지** : homepage. 개인이나 단체가 월드 와이드 웹에서 볼 수 있게 만든 하이퍼텍스트. 개인의 관심사나 단체의 업무, 홍보 등의 내용을 다양하게 제공함.

▶ 일대 : 일정한 범위의 어느 지역 전부.
▶ 영민하다 : 매우 영특하고 민첩하다.

▶ 무차별 : 차별하거나 가리지 않고 마구잡이임.
▶ 속보 : 빨리 알림. 또는 그런 보도.

톡톡 과학 : 모바일로도 악성코드가 전파될 수 있다고?

과거 이동 전화기로써만 기능을 하던 휴대 전화는 악성코드와 거리가 멀었지만, 점차 네트워크로 연결되는 스마트폰으로 바뀌면서 모바일 바이러스 역시 심각한 사회 문제로 등장했다.

모바일 바이러스가 본격적으로 등장한 것은 2004년으로, 스마트폰을 켤 때마다 액정 화면에 '카비르'라는 글이 뜨는 정도였다. 이후 아이콘을 해골 모양으로 바꾸는 '스컬스'가 등장했으며, 또한 보안 관련 앱처럼 보이는 악성코드 앱들이 등장해 문제가 되고 있다. 이 앱들은 스마트폰에 문제가 생겨 검사를 권유하는 것처럼 경고 메시지를 띄우는데, 사용자가 이 메시지를 실행하는 순간 스마트폰에는 악성코드가 퍼져 사용자의 사생활을 침해하는 문제가 발생한다.

▶ 등장하다 : 어떤 분야에서 새로운 제품, 현상, 인물 등이 세상에 처음으로 나오다.
▶ 활성화하다 : 기능을 활발하게 하다.

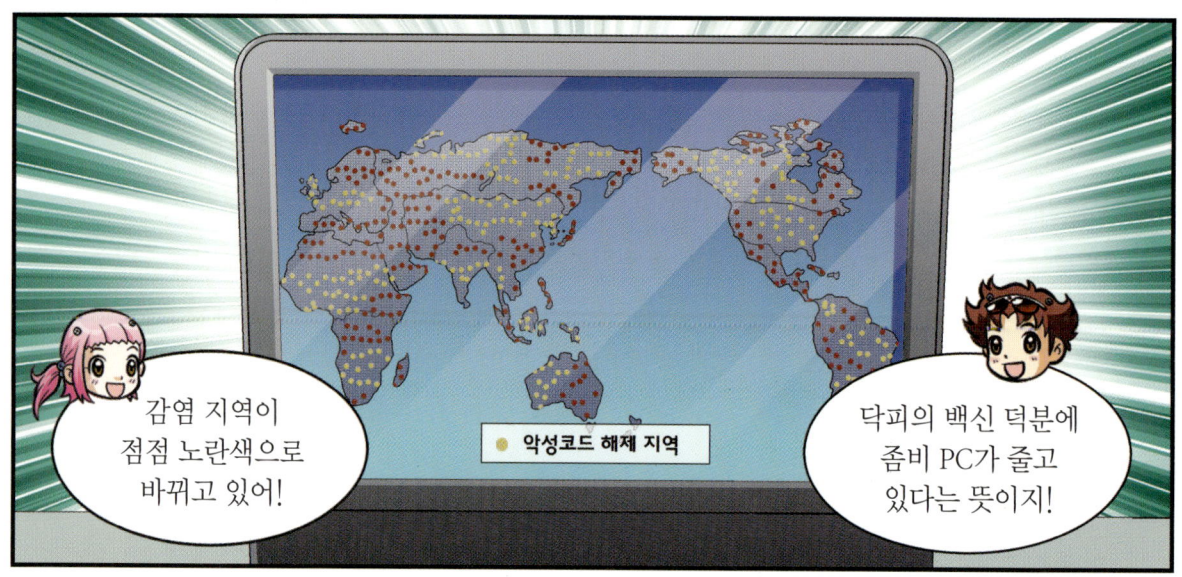

▶ 정체불명 : 정체가 분명하지 않은 것.
▶ 강화되다 : 수준이나 정도가 더 높아지다.

▶ 물거품 : 노력이 헛되게 된 상태를 비유적으로 이르는 말.
▶ 대가 : 노력이나 희생을 통해 얻게 되는 결과.

▶ 권선징악 : 착한 일을 권장하고 악한 일을 징계한다는 뜻의 사자성어.
▶ 오리무중 : 무슨 일에 대하여 방향이나 갈피를 잡을 수 없음을 이르는 말.

▶ 무리 : 도리나 이치에 맞지 않거나 정도에서 지나치게 벗어남.
▶ 행방 : 간 곳이나 방향.

★[175쪽] 폴더 : folder. 윈도에서 서로 관련 있는 소프트웨어를 묶어서 하나의 아이콘으로 나타낸 것.

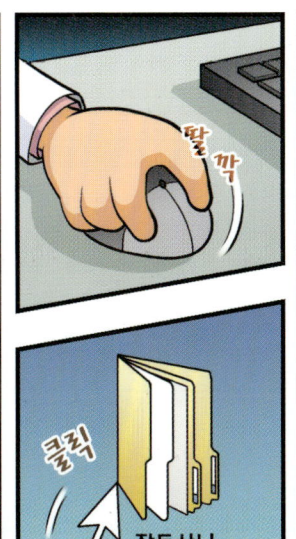

★**코딩** : 프로그래밍 언어로 주어진 명령을 컴퓨터가 이해할 수 있는 언어로 바꾸어 컴퓨터에 입력하는 과정.

▶ 대수롭다 : 중요하게 여길 만하다.
▶ [177쪽] 신중히 : 매우 조심스럽게.

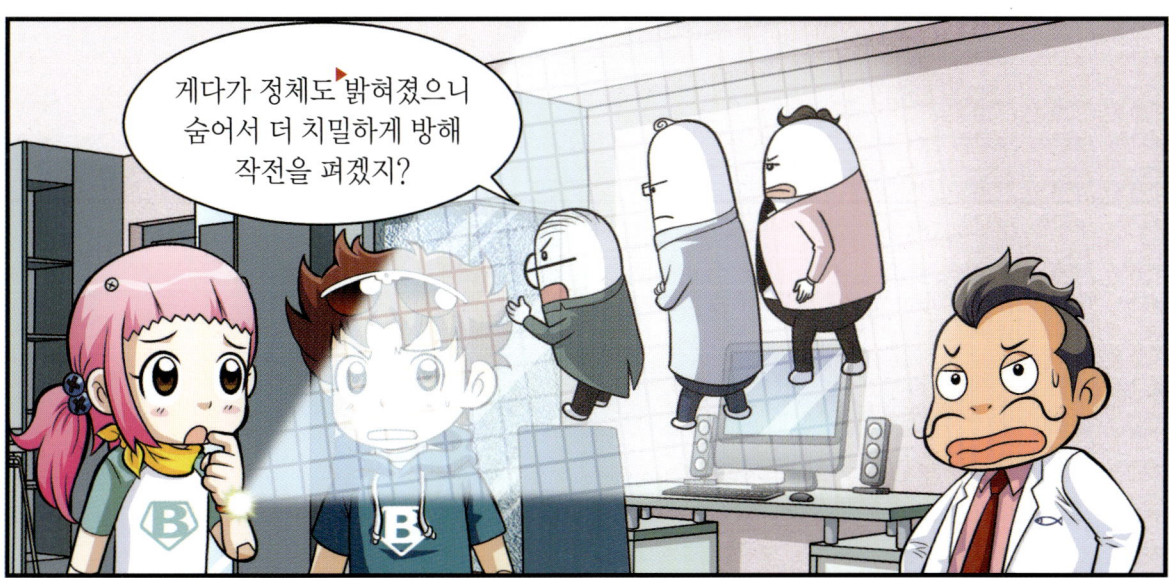

▶ **호락호락하다** : 일이나 사람이 만만하여 다루기 쉽다.
▶ **밝혀지다** : 드러나지 않거나 알려지지 않은 사실, 내용, 생각 등이 드러나 알려지다.

177

라이브 영상 사물 인터넷 시대의 보안 위협

사물 인터넷 시대에는 가전제품과 자동차 등 모든 생활이 네트워크로 연결되어 있기 때문에 보안 사고에 노출될 확률이 높다. 전 세계에서 발생한 피싱과 스팸 메일이 해킹당한 TV나 냉장고 등 ★스마트 가전제품에서 발송되는 일이 자주 일어나는 것으로 보아, 이제 사물 인터넷 기기의 성능보다는 보안 기능이 더욱 중요해졌다고 볼 수 있다. 또한 CCTV나 카메라가 자신의 생활을 기록으로 남겨 다른 사람들에게 노출시킬 수도 있기에 신상 정보가 유출되지 않도록 철저한 주의가 필요하다.

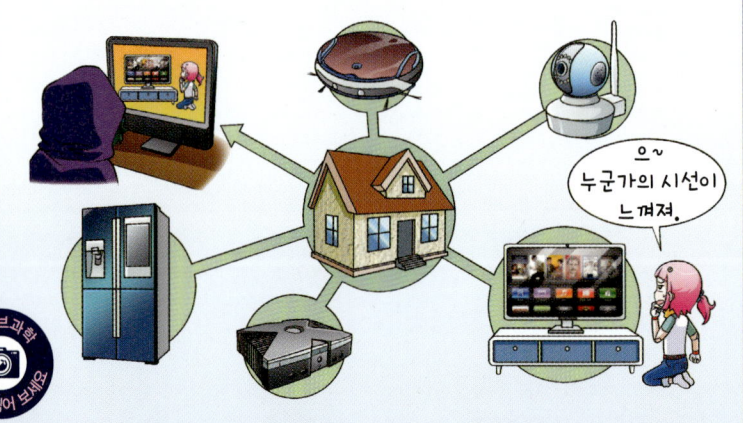

▶ 일거수일투족 : 손 한 번 들고 발 한 번 옮긴다는 뜻으로, 크고 작은 동작 하나하나를 이름.
★ 스마트 가전제품 : 스마트 냉장고, 스마트 TV 등, 인터넷 접속 기능을 갖춘 가전제품.

인포그래픽 핵심 과학

 사물 인터넷 시대의 보안 위험

① 악성코드에 감염된 차량 진단 앱을 통한 자동차 원격 제어

해커의 악성코드에 감염된 '자동차 진단' 앱 업로드

사용자가 악성코드에 감염된 '자동차 진단' 앱 다운로드

핸들 조작, 급정지 등으로 인한 교통사고 발생

② 홈 서버 해킹을 통한 홈 네트워크 기기 원격 제어

해커의 홈 네트워크 서비스 해킹을 통한 홈 서버 접근

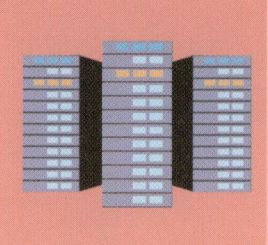

홈 네트워크 기기를 하나로 모아 놓은 홈 서버에 악성코드 감염

가스 밸브 원격 제어로 인한 화재 발생

3 와이파이를 통한 항공기 시스템 원격 제어

| 스마트폰을 이용해 기내 와이파이로 인터넷 접속 | 인터넷으로 악성코드에 감염된 미디어 파일 다운로드 | 감염된 스마트폰을 기내 시스템에 연결하여 파일 재생 | 감염된 비행 제어 시스템의 오작동으로 인한 비행기 사고 |

클라우드 진단

클라우드 진단이란 네트워크 상으로 연결된 사용자와 보안 업체 서버 간에 정보가 실시간으로 공유되어, 이를 통해 악성코드를 진단하는 것을 말한다.

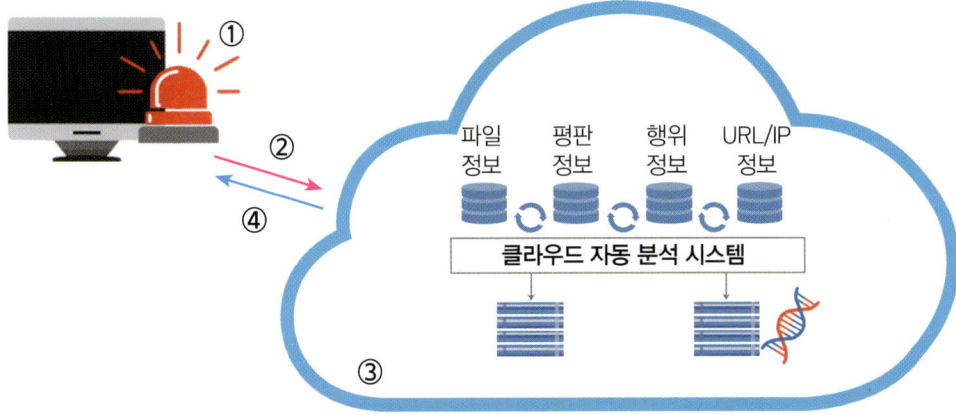

① 사용자 컴퓨터의 위험 탐지   ② 악성 파일 정보 보내기
③ 실시간 클라우드 진단   ④ 악성코드 치료 및 삭제

플러스 통합 과학

상식으로 정보통신 읽기 — 각종 금융 사기를 예방하려면 무엇을 주의해야 할까?

스미싱은 문자 메시지(sms)와 낚시(fhishing)의 합성어예요. 악성코드를 통해 스마트폰 사용자도 모르는 사이에 소액 결제가 이뤄지거나 개인 정보를 훔쳐 가는 행위이지요. 이와 같은 피해를 막기 위해서는 **출처가 확인되지 않은 문자 메시지의 링크는 클릭하지 말고, 미확인 앱이 함부로 설치되지 않도록 스마트폰의 보안 설정을 강화**해야 해요. 또한 스마트폰용 백신 프로그램을 설치해 주기적으로 업데이트를 하는 것이 안전합니다.

피싱이란 금융 기관 또는 공공기관을 가장해 전화나 이메일로 인터넷 사이트에 들어가 보안 카드의 일련번호를 입력하도록 요구한 뒤, 금융 정보를 몰래 빼 가는 수법을 말해요. 이러한 피해를 보지 않으려면 일회용 비밀번호 생성기(OTP)와 비밀 정보 복사 방지 저장 매체(보안 토큰)를 사용하고, **출처 불명 또는 금융 기관 주소와 다른 주소로 발송된 이메일은 열어 보지 말고 즉시 삭제**해야 합니다.

▲스마트폰에 설치된 백신 프로그램. 안전한 스마트폰 사용을 위해 스마트폰용 백신을 설치하고 보안 설정을 강화하는 것이 좋다.

파밍은 악성코드에 감염된 PC를 조작해 사용자가 정상적인 방법으로 은행 홈페이지에 접속해도 피싱 사이트로 유도되어 개인 금융 정보 등을 몰래 빼 가는 수법을 말해요. 파밍으로부터 안전하려면 **OTP와 보안 토큰을 사용**하고, 컴퓨터나 이메일 등에 공인인증서와 보안 카드 사진, 비밀번호 저장을 금지해야 합니다.

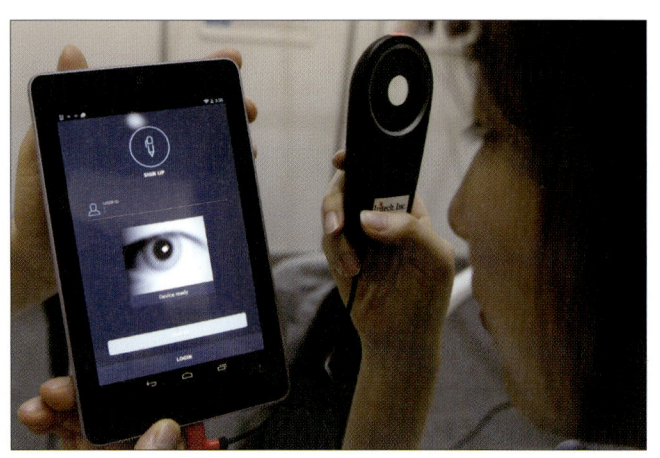
▲홍채 인식 OTP. OTP를 이용하면 같은 암호를 사용하다 일어나는 사고를 막을 수 있다.

경제로 정보통신 읽기 | 블록체인은 어떻게 가상화폐 거래 해킹을 막아 줄까?

최근 블록체인은 가상화폐를 거래할 때 발생할 수 있는 해킹 보안 기술로 높은 관심을 받고 있어요. 블록체인이란 거래 명세서를 담은 새로운 ▶블록들이 이전의 블록들과 체인처럼 연결되어 하나의 장부를 만든다는 뜻으로, 네트워크의 모든 참여자가 공동으로 거래 정보를 검증하여 기록하고 보관하는 기술을 말하지요.

기존 금융 거래 방식은 중앙 서버에 금융 정보를 모아서 관리하는 방식이었는데, 중앙 서버를 해킹하면 금융 정보 유출이 발생할 우려가 있었어요. 하지만 이와 달리 블록체인은 금융 네트워크 참가자들의 컴퓨터에 금융 정보를 분산시켜 관리하는 방식으로, 기존 방식을 보완한 시스템이지요. **블록체인은 거래할 때마다 새로운 거래값이 생기고, 보안의 정보값이 사람의 지문처럼 고유한 특성을 지녀, 위조나 변조를 하기가 무척 어렵다는 장점이 있습니다.**

▲대표적인 가상화폐 비트코인. 가상화폐는 지폐나 동전 없이 네트워크로 연결된 공간에서 사용하는 디지털 화폐이다.

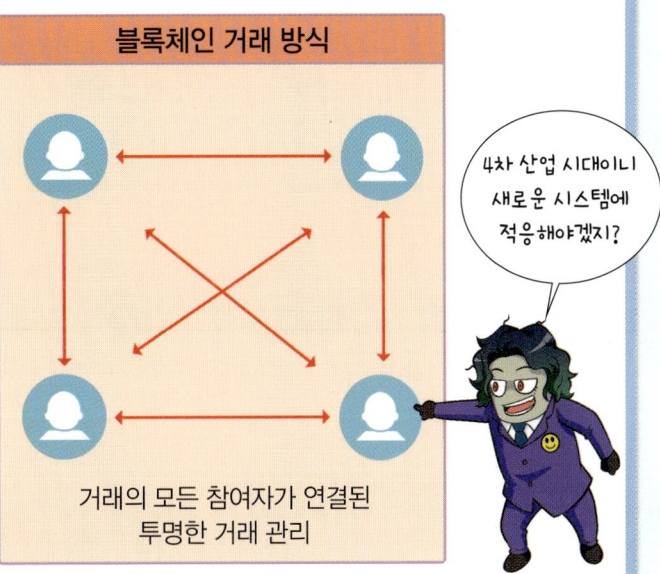

▲기존의 금융 거래 시스템과 블록체인 거래 시스템의 차이

▶**블록**: block. 하나의 단위로 다룰 수 있는 문자, 워드, 레코드의 집합. 이것을 단위로 하여 주기억 장치와 입출력 장치 사이에 데이터 전송이 이루어짐.

도전! 과학 퀴즈

★모바일 과학 게임★
스마트폰으로 QR코드를 찍으면 설치 페이지로 이동!

1번 아라를 도와 가로세로 퍼즐을 풀어 보세요.

		①	② 트		캔
③ 조	④	바			⑥
⑤	킹		마		
					거

어디 한번 실력 발휘 좀 해 볼까?

가로 열쇠

① 해킹을 할 때, 대상 목표로 정한 기계에서 어느 포트 번호의 서버가 작동되고 있는지 조사하는 것을 말한다.

③ 악의 없이 단순히 사용자를 불안하게 만들 목적으로 만들어진 가짜 바이러스이다.

⑤ 타인이나 기관의 컴퓨터 시스템에 허가 없이 접근하여 저장된 정보를 마음대로 복사, 저장, 삭제하는 행위를 폭넓게 이르는 말이다.

세로 열쇠

② 유용한 프로그램인 것처럼 속여 사용자가 거부감 없이 프로그램을 설치하게끔 만드는 악성 프로그램이다.

④ 해킹 중에서도 나쁜 목적으로 다른 사람의 컴퓨터에서 정보를 빼 가거나 시스템을 파괴하는 것을 말한다.

⑥ 스팸과 블로거의 합성어로, 블로그에 인기 키워드를 노출시켜 방문하는 사람들에게 불법 광고나 악성 프로그램을 다운받게 한다.

2번

이번엔 누리를 도와 가로세로 퍼즐을 풀어 보세요.

가로 열쇠

② 메일을 통해 유포되는 바이러스의 원조라고 볼 수 있다. 감염되면 주소록에 있는 사람들에게 자동으로 악성코드가 첨부된 메일을 발송한다.
④ 악성코드를 치료하는 컴퓨터 백신의 영어 명칭이다.
⑤ 컴퓨터 시스템을 방해하여 다른 사람에게 피해를 주려는 목적으로 개발된 소프트웨어이다.

세로 열쇠

① 실험용으로 제작된 세계 최초의 바이러스이다.
③ 사이버 공격을 예방하거나 피해를 복구하는 등 정보 통신 시설을 보호하는 것을 말한다.
⑥ 인터넷과 연결된 중앙 컴퓨터에 데이터를 저장해서 인터넷에 접속하면 언제든 데이터를 이용할 수 있는 것을 말한다.

도전! 과학 퀴즈

3번 컴퓨터 백신의 특징으로 옳지 <u>않은</u> 것은 무엇일까요?   답 (   )

① 악성코드를 찾아내서 기능을 정지시킨다.
② 안티바이러스라고도 불린다.
③ 악성 프로그램을 미리 예방하지는 못한다.
④ 자동 검사 기능과 실시간 감시 기능도 있다.

4번 다음 그림에서 빈칸에 들어갈 내용은 무엇일까요?   답 (   )

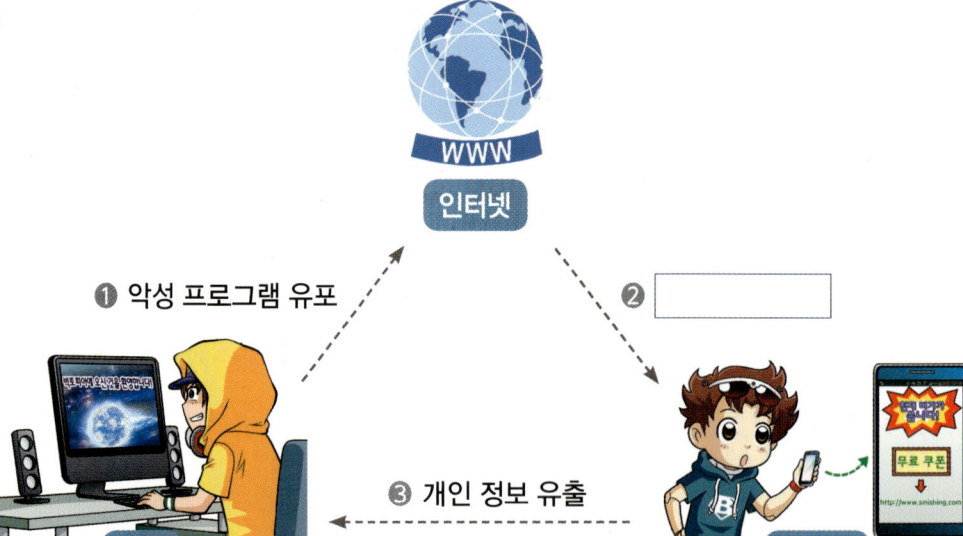

① 암호화 명령   ② 거짓 정보 발송   ③ 검색 결과   ④ 공격 명령

5번 사용자가 원하지 않아도 인터넷을 통해 일방적으로 전달되는 광고성 메일을 무엇이라고 할까요?   답 (   )

① 이메일
② SMS
③ 스팸 메일
④ 편지

6번 다음 사진은 천재 해커에서 IT 그룹의 CEO가 된 스티브 워즈니악입니다. 이 인물에 대한 설명으로 옳지 않은 것은 무엇일까요?   답 (   )

① 공중전화를 무료로 쓸 수 있게 해 주는 해킹 프로그램을 만들었다.
② 스티브 잡스와 함께 최초의 개인용 컴퓨터 애플I을 만들었다.
③ IT업계에 큰 획을 그은 인물로 평가되지만, 컴퓨터에는 관심이 없었다.
④ 실리콘 밸리에서 성공한 엔지니어 중 한 명으로 손꼽힌다.

도전! 과학 퀴즈

7번 다음 캐릭터의 대사를 보고, 무엇에 관한 설명인지 고르세요. 답 (   )

난 다른 사람의 PC를 무단으로 침입하지 않아.

네트워크와 시스템을 검사해서 보안의 취약점을 발견하고, 외부 침입에 취약한 부분을 고치는 일을 하지.

① 화이트 햇 해커
② 핵티비스트
③ 그레이 햇 해커
④ 블랙 햇 해커

8번 아래 그림이 설명하는 PC의 특징이 <u>아닌</u> 것은 무엇일까요? 답 (   )

빅토피아에 메일을 보내야지!

으어어어~. 공격 명령 입력! 악성코드 출력!

① 악성코드 감염 여부를 알아내기가 쉽다.
② 백신이나 다른 보안 프로그램을 공격해 강제로 종료시키기도 한다.
③ 감염된 PC는 사용자도 모르게 다른 사용자의 PC에 불법 프로그램이나 스팸 메일을 퍼트린다.
④ 주로 디도스 공격에 악용된다.

과학 지식아, 반짝반짝 떠올라라!

9번 얼마 전 누리는 자신도 모르게 게임 아이템이 결제된 사실을 알게 되었습니다. 알고 보니 문자 메시지에 연결되었던 주소는 가짜 사이트였고, 누리의 계좌 정보가 해킹당한 것입니다. 누리가 당한 이 전자 금융 사기는 무엇일까요?   답 (   )

① 크래커   ② 사이버 스토킹
③ 부팅   ④ 스미싱

10번 다음 중 컴퓨터가 악성코드에 감염되었을 때 나타나는 증상이 <u>아닌</u> 것은 무엇일까요?   답 (   )

① 인터넷 검색을 할 때 광고 팝업창이 수시로 나타난다.
② 컴퓨터의 부팅 속도가 빨라졌다.
③ 정상적으로 접속한 사이트에서 엉뚱한 사이트로 이동되었다.
④ 직접 변경하지 않았는데 윈도우 설정이 바뀌었다.

도전! 과학 퀴즈

11번 아래 그림들은 시기별로 악성코드를 유포했던 사이버 범죄들을 표현한 것입니다. 각 그림에 대한 설명으로 알맞은 것을 짝지어 보세요.

▲ 크립토락커

① Ⓐ 프로그램을 불법 복제하는 사람들을 막기 위해 만들었다.

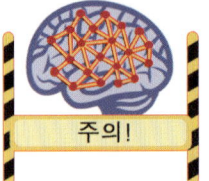
▲ 브레인 바이러스

② Ⓑ 무료 프로그램을 통해 감염된 바이러스가 잠복해 있다가 체르노빌 원전 사고가 발생한 날짜인 4월 26일에 작동되었다.

▲ 체르노빌 바이러스

③ Ⓒ 복잡한 암호화로 피해자의 컴퓨터를 감염시킨 뒤, 복구 조건으로 비트코인을 요구한다.

▲ 슬래머 웜

④ Ⓓ '인터넷 대란'을 일으킨 바이러스로, 순식간에 퍼져나가 전 세계 주요 시스템이 네트워크 과부하로 다운되는 현상이 일어났다.

12번 아래 그림과 같이 만화에서 아라와 누리가 당한 바이러스에 관한 설명으로 틀린 것은 무엇일까요? 답 (   )

① 악의 없이 단순히 사용자를 놀리기 위해 만들어진 가짜 바이러스이다.
② 모니터 화면이 거꾸로 보이는 현상이 나타난다.
③ 시디롬 드라이브 출입구가 열리는 현상이 나타난다.
④ 아라와 누리가 당한 바이러스는 브레인 바이러스이다.

13번 인터넷으로부터 내부 네트워크를 보호하기 위해 외부에서 들어오는 불법 정보를 막고, 인증된 정보만을 허용하는 보안 시스템을 무엇이라고 할까요? 답 (   )

① 포트
② 방화벽
③ 네트워크
④ 스캐너

도전! 과학 퀴즈

14번 아라의 PC가 악성코드에 감염되었습니다. 화가 난 아라의 머릿속에는 도대체 어디에서 감염된 것인지에 대한 생각뿐입니다. 아라의 머릿속 그림 중에서 악성코드의 감염 경로가 <u>아닌</u> 것은 무엇일까요? 답 (   )

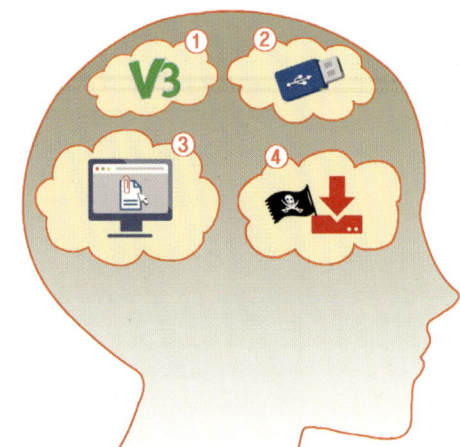

① 백신 프로그램
② 이동식 저장 장치
③ 검증되지 않은 첨부 파일
④ 불법 다운로드

15번 닥터피시의 질문에 대한 아라와 누리의 대답 중에 옳은 내용은 무엇일까요? 답 (   )

 해킹 대회는 무엇을 하는 대회일까?

Ⓐ 누가 최고의 해커인지 가리는 대회야!

Ⓑ 주요 목적은 사이버 범죄 예방과 보안이지.

Ⓒ 우리나라에는 해킹 대회가 없어.

Ⓓ 해킹할 때 들키지 않는 방법을 찾기 위한 대회기도 해!

① Ⓐ, Ⓒ
② Ⓐ, Ⓑ
③ Ⓑ, Ⓓ
④ Ⓒ, Ⓓ

16번 디도스 공격에 대해 옳지 않은 것은 무엇일까요? 답 (   )

① 주로 공공시설이나 기업을 대상으로 일어난다.
② 수십 대에서 많게는 수백만 대의 PC를 원격 조종하여 특정 서버에 동시 접속시킨다.
③ 분산형 서비스 거부 공격을 뜻하는 말이다.
④ 주요 목적은 자료를 유출하거나 삭제하는 것이다.

17번 다음 그림을 보고 디도스 공격의 공격 방식을 골라 보세요. 답 (   )

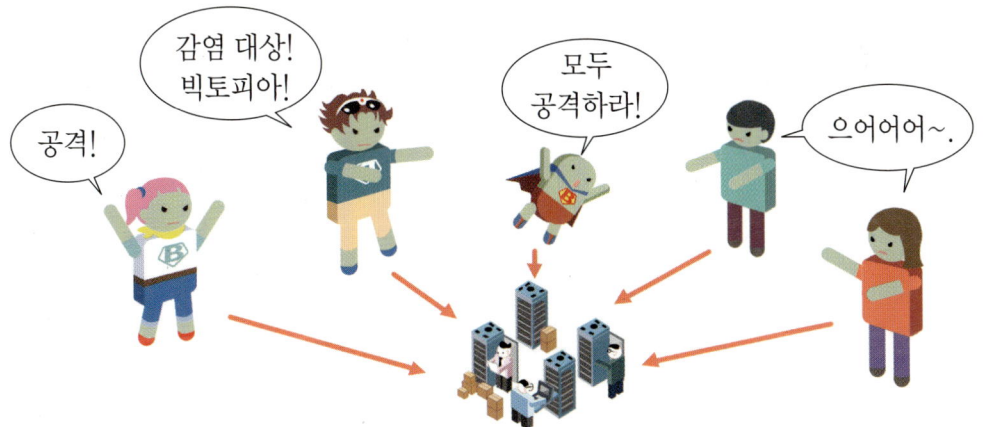

디도스 공격은 특정 인터넷 사이트가 감당할 수 없는 규모의 접속 통신량을 한꺼번에 일으킨다.

① 트래픽 과부하   ② 부트 바이러스
③ 스플로거   ④ 포트 스캐너

도전! 과학 퀴즈

18번 아라는 얼마 전, 모바일 악성코드로 인해 개인 정보를 빼앗기는 일을 당했습니다. 이런 일이 벌어지지 않도록 아라는 평소에 어떤 주의를 기울여야 할지, 대화를 보고 빈 칸에 들어갈 알맞은 내용을 써 보세요.

19번

아라가 미로를 빠져나가려고 합니다. 그런데 가는 길에는 사물 인터넷 기기들이 있습니다. 아라가 사물 인터넷 기기들이 내는 문제를 풀고 누리를 만날 수 있도록 도와주세요.

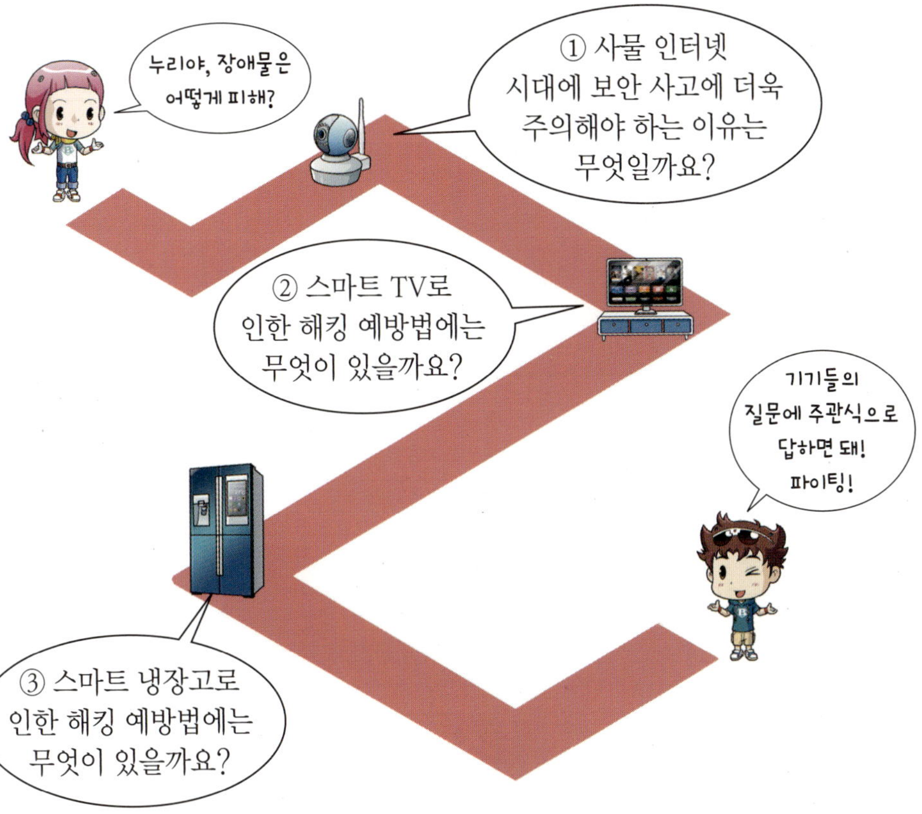

누리야, 장애물은 어떻게 피해?

① 사물 인터넷 시대에 보안 사고에 더욱 주의해야 하는 이유는 무엇일까요?

② 스마트 TV로 인한 해킹 예방법에는 무엇이 있을까요?

기기들의 질문에 주관식으로 답하면 돼! 파이팅!

③ 스마트 냉장고로 인한 해킹 예방법에는 무엇이 있을까요?

①
예) 개인 정보가 유출될 수 있어요.

②

③

도전! 과학 퀴즈 정답과 해설

1번

		①포	②트	스	캔
			로		
③조	④크	바	이	러	⑥스
	래		목		플
⑤해	킹		마		로
					거

2번

	①크					⑥클
②멜	리	③사				라
		퍼	이			우
		버		⑤악	성	코	드
		보				
		④안	티	바	이	러	스

3번

답 ③

컴퓨터 백신은 악성코드를 자동으로 검사하고 실시간 감시도 하며 악성 프로그램을 미리 예방하는 기능도 있다.

4번

답 ②

해커가 악성 프로그램을 만들어 인터넷을 통해 퍼트리면 사용자는 악성 프로그램인 줄 모르고 설치하여 개인 정보를 빼앗기는 피해가 발생한다.

5번 답 ③

인터넷을 통해 대량으로 전달되는 광고성 전자 우편인 스팸 메일은 보내는 사람과 받는 사람이 아무런 관계가 없으며, 정크 메일이라고도 한다.

6번 답 ③

스티브 워즈니악은 스티브 잡스와 함께 최초로 개인용 컴퓨터를 만들었으며, IT 기업인 애플을 공동으로 창립했다.

7번 답 ①

다른 사람에게 피해를 입힐 목적이 아닌 보안상의 문제를 파악하기 위한 해킹을 하는 해커를 화이트 햇 해커라고 한다.

8번 답 ①

좀비 PC는 사용자도 모르게 악성코드가 침투되기 때문에 악성코드의 감염 여부를 알아내기가 어렵다.

9번 답 ④

스미싱은 '무료 쿠폰 제공', '돌잔치 초대장' 등의 문자 메시지 안에 있는 인터넷 주소를 클릭하면 악성코드가 설치되어 피해자가 모르는 사이에 소액 결제를 하거나 개인의 금융 정보를 빼앗는 수법이다.

10번 답 ②

악성코드에 감염되면 컴퓨터의 부팅 속도가 느려진다.

11번 답 ①-ⓒ, ②-ⓐ, ③-ⓑ, ④-ⓓ

12번 답 ④

조크 바이러스는 모니터 화면이 뒤집어지고, 시디롬 드라이브 출입구가 멋대로 열리는 등의 증상을 보인다.

도전! 과학 퀴즈 정답과 해설

13번 답 ②

방화벽은 불법 정보를 차단하고 인증된 정보만을 들여보내는 내부 네트워크 보안 시스템이다.

14번 답 ①

백신 프로그램은 악성코드를 치료해 주고 악성코드의 감염을 막아주는 프로그램이다.

15번 답 ②

해킹 대회는 해킹 기술을 펼치는 대회로, 사이버 범죄를 예방하고 보안 기술을 향상시키기 위해 개최하는 대회이다.

16번 답 ④

디도스 공격의 목적은 자료 유출이나 삭제가 아닌, 단순히 서버를 마비시켜 일반 사용자들의 서버 접근을 막는 것이다.

17번 답 ①

디도스 공격은 특정 서버에 사용자가 한꺼번에 몰리도록 트래픽 과부하를 일으킨다.

18번 답 (예시)

a. 앱을 설치할 땐 반드시 악성코드 검사를 하도록 해!
b. 블루투스나 와이파이는 사용할 때만 켜 놓는 게 좋아!
c. 모바일용 백신 프로그램을 설치해서 주기적으로 검사해야 해!

19번

답 (예시)

① 모든 사물이 네트워크로 연결되어 개인 정보가 유출될 수 있기 때문이에요.

② 스마트 TV로 금융 거래를 하는 것은 피하는 것이 좋아요.

③ 스마트 냉장고와 연결되는 공유기의 비밀번호를 주기적으로 바꿔요.

자료 제공

사진 출처 38 플로피디스크·위키피디아 Jim1138 39 제2차 세계 대전·위키피디아 해킹 방어 대회·연합뉴스 70 PDP-1·위키피디아 Matthew Hutchinson, 데프콘 우승 배치·연합뉴스 71 애플I 컴퓨터·연합뉴스, 애플 컴퓨터 출시·연합뉴스 106 트로이 목마 모형·연합뉴스 107 페티야·위키피디아, 한국인터넷진흥원·연합뉴스 144 개인 정보 무단 투기·연합뉴스 145 홍채 인식·연합뉴스 혈관 인식·연합뉴스 182 스마트폰 백신·연합뉴스, OTP·연합뉴스 183 비트코인·연합뉴스 187 스티브 워즈니악·연합뉴스

이 책에 사용한 모든 자료의 출처를 밝히기 위해 노력하였습니다. 누락되거나 잘못된 점이 발견되면 바로잡겠습니다.

천재교육

2016소년조선일보 올해의 어린이책 대상

EBS 한국사 **최태성** 강사 **강력** 추천

교과서 인물로 배우는
우리 역사

권장 대상 : 초등 전 학년(1~6학년)

멀티미디어 역사 카드
+ 세트 구입 시 역사 연표 제공

책 속의 QR코드를 이용해 드론 촬영한 생생한 유적지를 만나 보세요!

LIVE 한국사 시리즈 전 20권

선사 시대·고조선	1권 선사시대와 고조선
삼국·남북국	2권 고구려의 성장과 쇠퇴 3권 백제의 찬란한 문화 4권 신라의 발전 5권 통일신라와 발해
고려	6권 고려의 건국 7권 무신 정권과 천민의 난 8권 고려의 쇠퇴
조선	9권 조선의 건국과 발전 10권 훈구와 사림의 대립 11권 임진왜란 전후의 상황 12권 병자호란과 북벌 13권 실학과 서민 문화
근대화기	14권 빗장을 연 조선과 계몽사상 15권 개항기와 독립협회
일제 강점기	16권 독립운동과 계몽사상 17권 무장 독립운동 18권 광복과 대한민국 임시 정부
대한민국	19권 6·25와 경제 개발 계획 20권 대한민국의 발전